# 山容海润 立教圆梦

珠海市第三中学课程体系系列文集

李 革○主编

H.P.H
哈尔滨出版社
HARBIN PUBLISHING HOUSE

图书在版编目（CIP）数据

山容海润　立教圆梦：珠海市第三中学课程体系系

列文集 / 李革主编 . — 哈尔滨：哈尔滨出版社，2020.9

ISBN 978-7-5484-4999-7

Ⅰ . ①山… Ⅱ . ①李… Ⅲ . ①教育－文集

Ⅳ . ① G4-53

中国版本图书馆 CIP 数据核字（2020）第 186771 号

书　　名：山容海润　立教圆梦：珠海市第三中学课程体系系列文集

SHANRONG HAIRUN　LIJIAO YUANMENG：ZHUHAISHI DISAN ZHONGXUE KECHENG TIXI XILIE WENJI

作　　者：李　革　主编

责任编辑：曹雪娇

封面设计：笔墨书香

出版发行：哈尔滨出版社（Harbin Publishing House）

社　　址：哈尔滨市香坊区泰山路82-9号　　　邮编：150090

经　　销：全国新华书店

印　　刷：武汉颜沫印刷有限公司

网　　址：www.hrbcbs.com　　　www.mifengniao.com

E－m a i l：hrbcbs@yeah.net

编辑版权热线：（0451）87900271　87900272

开　　本：710mm×1000mm　　　1/16　　印张：7.5　　字数：123千字

版　　次：2020年9月第1版

印　　次：2022年8月第2次印刷

书　　号：ISBN 978-7-5484-4999-7

定　　价：46.00元

# 本书编委会成员

主　编：李　革

副主编：陈维涛

编　委：赵卫东　　黄富国　　王传东　　于红仁　　孟庆坤　　袁也晴

## 序

## 谋发展　创新貌　促改革

　　教育家陶行知说："校长是一个学校的灵魂，要想评价一个学校，先要评论他的校长。"同样，了解一所学校也可以从了解其校长开始。作为舵手和旗手的校长，很大程度上决定了学校的生态，进而影响学校教育的各个环节。校长于学校而言是领导和声誉，也是责任和担当。

　　李革校长来到珠海市第三中学近三年，秉持三中"求真、崇善、尚美"的校训，坚持"以学生发展为本，为社会发展育人"的办学理念和"面向全体、教有所长、学有所得"的教学理念，肩负发展与育人的使命，用科学的教育理念引领学校建设、鼓励教师发展、促进学生成长，走出了一条"以人为本、育人为先、教学相长、注重特色、办人民满意的学校"的办学之路，赢得了良好的社会声誉。古语云："小智善于治事，大智善于用人，睿智善于立法。"学校管理同样如是，明确目标，并在各级各类人员中形成思想共识和相通的行事准则，学校这艘航船方可有序驶向学生成长和教师发展的彼岸。李校长为三中发展谋篇布局，保证了三中这艘教育之船的顺利航行。

　　学校管理不仅要把握大局，还要兼顾细节。李校长来到三中后，推进学校各项事宜有序开展，精准施策，抓实务。有校园环境的美化绿化，有办公条件的改善提升，有学习平台的搭建打造，有教师成长的鼓励支持，还有计划性的外出学习交流、博采众长，常规性的总结思考、学习反思……李校长在三中管理上的一系列筹划举措，给学校带来新气象，让师生面貌焕然一新，使学习氛围更加浓厚，让师生更加热爱与享受校园时光和书香生活，也为三中教师专业水平的提升和学子成绩与素养的拔高创造优良的环境、奠定坚实的基础、提供宝贵的助力。

　　在各项工作中，让新高考改革政策在学校顺利落地和实施是重要和关键的一项。为此，李校长投入了大量的时间和精力，学习和消化新高考改革政策和方案，组织教职工学习新高考改革的精神和内核，反复研讨学校实施新高考改革政策的路径和方法，牵头制定新高考改革政策落实的方案和细则，实时关注学校新高考改革的进程，着力解决学校在新高考改革过程中遇到的核心难题，及时监控和评估新高考改革政策落实的效果。在准备、实施、保障、评价的各个环节做到全程把控，主抓关键，稳步推进，保障到位。因此，新高考改革政策在三中得以顺利推进和实施。

在管理三中的几年间，李校长勤勉认真、善思善治，讲方法、重实效。本书是李校长对三中管理与实践经验的一次梳理与总结，是其实施新高考改革实践的思考与归纳，是其教育教学、教研心得的反思与凝练。希望这本书能给李校长的教育生命做一次深刻的反思与总结，同时，给教育界同人提供做法借鉴、思想启迪和成长契机。最后，希望李校长在未来的教育道路上，树立更加长远的价值追求，遵循教育的内在规律，引领三中迈向新的气象。"功崇惟志，业广惟勤"，踏实精进，勇攀高峰。

珠海市教育研究中心主任　袁长林

2020 年 5 月 28 日

# 前　言

## 践行理念、注重文化、砥砺前行，实现学校跨越式发展——对我校新高考改革的一些思考

在市委教育工委、市教育局的正确领导下，在市教研中心的精心指导下，两年多来，我校参加教学改革的广大教师坚持在实践中学习，在实践中完善，在实践中提高，在实践中发展。在艰辛的探索中，广大教师与新课程一起成长，教学理念发生了可喜的变化，广大教师对新高考改革的态度认真，认识较高，观念更新，方式转变，并取得了阶段性的成果，初步形成了三中自己的特色，在今年的"新课程开放周"活动中，我校新课程实施工作得到了市兄弟学校的高度评价。

我校新高考改革工作是扎实的，效果是显著的，在此，我代表学校向参加实验的全体教师、教辅人员表示亲切的慰问和衷心的感谢！希望大家在今后的教学实践中，树立"以学生发展为本"的理念，扎实工作，逐步实现课堂教学"结构优化，方法先进，内容丰富，效率快捷，实效突出"的新目标，推进我校的新高考改革实践顺利开展，为三中的跨越式发展奠定扎实的基础。

国家新的《普通高中课程方案（实验）》规定，普通高中教育是在九年义务教育的基础上进一步提高国民素质、面向大众的基础教育，是培养学生学习愿望和能力、为学生终身发展奠定基础的重要阶段。开展新课程改革的目的就是为学生的终身发展奠定良好的、坚实的基础。实施新高考改革工作，也是进一步深化我校教学改革，实现我校跨越式发展的重要契机，是提高我校教育教学水平的一次重要机遇。实施新高考改革对于推动我校的教育教学改革，更好地发挥我校的教育资源效益，促进我校走上以内涵发展为主的可持续发展道路，实现学生学习方式和教师教学方式的转变，培养学生终身学习的愿望和主动探究的愿望，发展学生的创新和实践能力具有十分重要的意义。

2019—2020 这两年注定是不平凡的，根据珠海市基础教育发展的需要，广大教师克服重重困难，在新高考改革实践中大胆改革，积极进取，勇于创造和探索先进的经验，在实践中研究，在体验中反思，在反思中发展。

（一）大力推动课堂教学研究工作，促进教学思考

开展了"青年骨干教师汇报课"活动，共有几十位青年教师完成汇报任务，他们承担的公开课得到了来自阳江以及其他兄弟学校教师的高度赞扬。

（二）以课题研究为突破口，促进学校内涵发展

1. 近两年共组织申报省、市级课题 50 人次。

2. 邀请市教研中心专家为王鸿飞课题结题，为刘莉、卢庆荣和谢鑫课题开题做指导。

（三）以教师业务素质培训为抓手，强化师资队伍建设

为强化师资队伍建设，近两年多次举办青年教师培训、课题开题培训、骨干教师培训、全员培训、继续教育培训等活动，培训形式多样，共有 1000 多人次参加培训活动。通过组织开展"青蓝工程"师徒结对活动，加强对青年教师的培养。

（四）加强大湾区教育交流，与澳门姊妹校进行全方位的教育教学、教研交流，增强三中知名度，提高三中美誉度

1. 与澳门菜农子弟校和澳门氹仔坊众学校等姊妹校进行教育教学交流活动，提升我校的知名度。

2. 加强与联盟学校珠海市北师大附属中学校际教育教学、体育、德育等方面的交流。

3. 近两年三中与澳门菜农子弟学校、澳门新华中学、澳门氹仔坊众学校、北京师范大学骨干教师、北京十一学校、上海育才学校、重庆田家炳中学、云南省名师工作室、云南怒江自治州贡山一中、广西壮族自治区苍梧中学、深圳中学、

北师大附属高中深圳分校、广州第六中学、深圳实验中学、深圳市梅林中学、深圳市第二中学、阳江市林晓峰名师工作室、广东省名校长工作室、珠海市第一中学、珠海市第二中学、珠海市实验中学、珠海市第四中学、北师大附属高中珠海分校、省实金湾分校等名校长工作室、名校之间的互动交流提升了我校教师的业务能力和水平。

### （五）加强对外交流，为我校青年骨干教师发展提供平台

在 2019 年珠海市高中青年教师能力大赛中，我校 11 个学科的 12 位老师获得市一、二等奖，信息技术王睿老师代表广东省参加全国总决赛，并喜获一等奖。

在与北师大附中联盟校同课同构的活动中，杨洋、祝维养等 11 位老师的课程被评为珠海市市级优课。

我校先后聘请专家来校讲学。聘请专家进行新高考改革辅导报告。在校内开展体现新高考理念的观摩课、说课、评课活动。组织面向全市的教学开放周活动。编写校本教材，开发校本课程资源。这些工作为我校教师搭建了一个学习、交流、观摩、研讨的校本培训平台，促进了教师的专业发展。

学校要以学生发展为本，对学生终身负责，同时，学校发展要以教师发展为本。随着一中、二中、实验、斗门一中等学校的扩招，学校生源出现了整体下降的趋势，这对全体三中教师来说是一个挑战，也是一次严峻的考验，这要求我们要不断研究新情况、新问题，调整教学策略，树立信心，把新高考改革当作学校实现跨越式发展的一次机遇，以高度的责任感和主人翁的意识投入到三中的教学改革实践中去。

"探究学问，厚德立身。"希望我们教师在今后的教学实践中，不断地研究解决新问题，总结经验，形成特色。同时，要认真学习新课程理念、新课程方案、新课程标准和新课程教材，深入研究新课程教学方法，探讨新课程教学模式，推广新课程成功的方法，力求使我校新课程实验过程的同时也成为教师专业发展的过程，在研究中发现规律，在研究中提高效率，在研究中提高质量，在研究中享受快乐！

"砥砺前行、不负韶华"。我们相信，在市委教育工委、市教育局的正确领导下，只要我们全体教职员工振奋精神，真抓实干，不忘初心，珠海市第三中学一定会向全社会交上一份满意的答卷，为珠海教育强市做出应有的贡献！

李 革

2020 年 4 月 30 日于珠海

# 目 录

# 1. 矫正阅读弊端　指点读写迷津

## ——潘莉诸君主题整合式阅读教学课例集序

蓝宝生

**【主题摘要】**探索课程主题整合，国家语文课标有要求、时代有需求、实验有探求，语文课程改革肯定不能置身事外。树立整合式阅读教学理念，是基于避免低效重复教学、提高学生阅读质量、优化语文教学过程、拓宽语文教师视野的需要。开展整合式阅读教学，有利于落实《义务教育语文课程标准》提出的明确建议，有利于体现语文教材"组合式课文"的编写特点，有利于矫正教师阅读教学过度分析的弊端，有利于促进学生阅读学习方式的根本转变。

树立整合式阅读教学理念，显然是基于避免低效重复教学、提高学生读写质量、优化语文教学过程、拓宽语文教师视野的需要。潘莉诸君的高中语文主题整合式阅读教学课例，旨在矫正教师阅读教学过度分析的弊端，对促进学生阅读学习方式的根本转变大有裨益。潘莉诸君者，乃潘莉、彭川、谭佳妮、闫岩、廖文婧、喻兰也。他们六人，堪称珠海市第三中学语文科组高中阅读教学的质疑者和探索者。他们入职没多久就发现，教师过度分析的的确确是高中语文教学"少、慢、差、费"的罪魁祸首之一。

自古至今，撰写书籍序言往往是名人专利——譬如老王，从未加入中国书法家协会的王羲之就是靠撰写序言名扬天下的。毫无疑问，我这一生绝对不可能成为名人，哪怕是向天再借五百年。然而，我的美女同事潘莉伶牙俐齿，能说会道，能言善辩，并且公关能力超一流——几十年来我从未向什么人什么事投降妥协过，今天破例，投降一次，妥协一次，就冒充名人一次，仅此一次。

树立整合式阅读教学理念，显然是基于避免低效重复教学、提高学生阅读质量、优化语文教学过程、拓宽语文教师视野的需要。潘莉诸君的高中语文主题整合式阅读教学课例，旨在矫正教师阅读教学过度分析的弊端，对促进学生阅读学习方式的根本转变大有裨益。

潘莉诸君者，乃潘莉、彭川、谭佳妮、闫岩、廖文婧、喻兰也。他们六人，堪称珠海市第三中学语文科组高中阅读教学的质疑者和探索者，他们入职没多久就发现，教师过度分析的的确确是高中语文教学少慢差费的罪魁祸首之一。

我一向喜欢把优秀课例比喻为美食。美食要求色香味俱全，课例要优秀，色香味缺一不可。

潘莉的细腻婉约，可以从她的《主题：对"反派"的悲悯》略见一斑——潘莉此课，仿佛清蒸婺源荷包红鲤。第一环节，潘莉让学生阅读《雷雨》全剧，或观赏电影《雷雨》，进而让学生自主质疑，质疑周朴园，体味曹禺对周朴园的态度，除了爱憎，还有悲悯情怀。第二环节，这一环节是第二课时的文学性导入：引用托尔斯泰的名言："艺术作品要写得美，就要明确地把人的多样性和变化写出来。"第三环节，这一环节最是考验老师功底的，潘莉在此颇有定力：以探究复杂的人性及其变化过程为抓手，探究年轻时的周朴园爱侍萍吗？有感情，为什么要抛弃她？三十年前的抛弃和三十年后的再次"抛弃"有何异同？潘莉心里虽一清二楚，却把问题抛给学生。所以，探究作品的悲悯主题，适可而止，而且恰到好处。最后，展示曹禺的《雷雨》序言的关键句，到此戛然而止，让余音轻轻飘荡。

谭佳妮以《"我"是见证者》演绎了她的明快干脆。她的课例仿佛烹饪口水鸡。《祝福》以及《船过青浪滩》就是已经去除内脏冲洗干净的半只三黄鸡；而批注阅读则是口水鸡的第二步：锅中加水，放入葱段、姜片、盐、料酒及清洗干净的鸡，开火煮开，转小火煮十分钟后关火，浸泡二十分钟捞出；其中合作探究——"作者写'我'的所见所闻所思有何作用"便是：干净的盘中加入凉开水及冰块，放入煮好的鸡浸泡后捞出，用十多种调料调制红油。红油是整个口水鸡味道的关键，肉质鲜嫩是口水鸡的灵魂。再将冰好的鸡斩成块，淋上红油，撒上芝麻、花生、葱花，装盘。谭佳妮的课例，以明快、干脆著称，从不拖泥带水，也不旁逸斜出，给人以干货琳琅满目的感觉。

遥想当年，听完刚刚入职的潘莉和谭佳妮的公开课，我曾经有过一个非著名点评（仅在小范围里口口相传）：潘莉和谭佳妮的课，有声有色、有滋有味、言之有物、曲高和寡，我还记得谭佳妮的第一节公开课课例是《古都的秋》，课件精美，配乐华丽，谭佳妮也比较和蔼可亲。潘莉的入职公开课，语速飞快，语音悦耳，教态自然大方，师生互动非常活跃，课堂有笑声，潘莉笑靥如花。在后来的评课互动环节，我则直接提醒她们二位：这样的课例在大一的课堂上肯定是优秀课例，而在我们珠海市三中这里，明显属于不达标的公开课，因为你们的的确确忽略了学情，希望你们多多深入班级，了解学情。如今多年过去，潘莉和谭佳妮成熟老练了：谭佳妮的明快干脆，潘莉的细腻婉约，已经成为她们各自的风格，甚至风景。

川娃子彭川就像川菜名厨一样洒脱自然。他的《困境中的乐观旷达》恰似一道正宗的酸菜鱼。有道是，好料做好菜，烹制酸菜鱼，鱼一定要鲜活，最好选择草鱼，《赤壁赋》就是彭川精挑细选的草鱼。彭川也清楚，好酸菜也要焯水，去掉腌渍菜的涩味，会更爽脆。彭川可谓片鱼片的高手，他对《赤壁赋》的字词梳理，就是以最佳刀工来片鱼片，那些被抽取出来的《赤壁赋》里的字词，仿佛是彭川用一汤匙盐搓洗一遍后冲水反复淘洗成晶莹透明的鱼片。尔后，彭川对"徘徊""桂棹""兰桨"的品味，仿佛是锅里放油炒香葱姜蒜，下入鱼头鱼尾鱼骨头鱼皮精炒，放入酸菜继续炒，兑足量开水。彭川的火候把握精准，待到花椒和辣椒捞出放在鱼片上，青红辣椒撒在鱼片上，则是水到渠成地将《后赤壁赋》端出来，一一比较，逐项对照，在"言"字上下功夫。课之末，以林语堂、余秋雨评说苏轼，就像是酸菜鱼的最后工序：油大火烧冒青烟，浇在鱼片上。浇油这个环节很重要，一定要把油烧得冒青烟，目测有青烟不断冒出，浇上去吱啦一声才够味。彭川的绝招是，这道菜不需要放鸡精或者味精。但是，我们欣喜地看到，奶白色的鱼汤，原汁原味的鲜，特别吸引人，特别诱惑人。

彭川整合式阅读课的洒脱自然，源于他扎实深厚的语文教学基本功，也源于他的谦虚好学和孜孜不倦，敢于对高手说"不"。犹记得2018年12月21日，彭川代表市三中，当然也代表珠海市出征湛江，参加广东省中学语文青年教师课堂说课大赛，面对如林的高手强手，他准确拿捏 12 分钟，分毫不差，他挥洒自如、从容不迫，他的说课切中肯綮、声情并茂、滴水不漏，俨然大将风度，直叫我这个油腻大叔在远远的后排啧啧称赞，我还在心里"诅咒"，至少有三分之二的选手要败在彭川手下（凭我两天的听课直觉）。果然，彭川和另一位珠海市参赛选手一起斩获省二等奖。在返程的动车上，无论是彭川，还是我们市三中的彭川亲友团，每个人的脸上都写着得意扬扬以及扬眉吐气。作为市三中语文科组组长，我虽有伯乐之功、导师之名，却不敢奢望有彭川之稳健、彭川之风度和彭川之气场。

　　廖文婧的大气内敛可见于她的《咏史怀古诗词鉴赏》，此课例仿佛一道正宗的客家黄酒鸡。《越中览古》和《苏台览古》似乎就是廖文婧客家黄酒鸡的原料：正宗客家黄酒、三黄鸡、生姜和水。步骤一，将鸡切块洗净，沥干水分。加入适量偏少的盐腌一下。咏史怀古诗词的形式标志，关注标题，加上古迹、古人名，再看看"咏"字和"怀"字。步骤二，烧锅热油（注意鸡肉含有脂肪，油不要多放），姜丝爆香，加鸡肉拌炒，喜欢红枣味的也可以加入去核红枣一起炒，倒入一碗水，继续用中火煮到快收干汁。课例里的研究探讨：复习同类诗词，了解特点；进行比较阅读；提供解题指导。步骤三，当汤汁收干到四分之一时，加入三汤勺的黄酒，看个人口味加，喜欢浓郁的加五汤勺以上。酒力不好的人就要小心了，容易醉，当黄酒快收干时，稍微拌炒后即可出锅。学以致用——读唐诗，答问题。在这里，无论是烹饪还是课例，火候非常重要。可喜的是，廖文婧很有耐心，也有定力，对火候的拿捏非常准确。客家黄酒鸡色香味俱全，课例步步为营，有声有色，有滋有味。

　　从我的听课记录本查阅确认，这些年来，我听了喻兰六节课，其中两节是整合式阅读课，有一节只有我一个人在那里听，喻兰面对一屋子的学生不厌其烦、循循善诱，我感觉非常孤独、非常寂寞。幸运的是，颜值居高不下的喻兰那不时写在脸上的笑意极具亲和力，她的学生也非常配合，师生互动趣味盎然。喻兰喜欢采用多种形式强化朗读，让学生在读中感悟、赏析，凸显了语文教学的语文阅读味。喻兰很有激情，善于带动学生，引领学生，启迪学生。她的整合式阅读课结构严谨合理，过渡自然，全课给人一种浑然一体之感。重点突出，大多数问题设计简单易答巧妙，学生学起来简单好懂。喻兰的课，语言流畅，通俗易懂，简洁明快，大气内敛。喻兰是客家女，如果要用一道客家美食来形容喻兰的优秀课例，我以为非客家娘酒鸡莫属。喻兰和廖文婧的课例风格风情，基本上属于同类项，且难分伯仲。

闫岩的优雅温婉，全在她的《兰亭雅集》里。其中的"赏字悟性"以及"大发雅兴"把《兰亭集序》的精髓熔于一炉，色香味俱全。感觉闫岩在烹制京酱肉丝，京酱肉丝虽是小菜一碟，闫岩却能以大厨的大气，一气呵成，流畅自然。闫岩在"大发雅兴"一节很节制，先是起疑，再是对"痛""悲"的剖析，适可而止，点到为止，恰到好处，很像"京酱肉丝"的锅上环节：起炒锅，热锅加入凉油一大勺，烧至约七成热时，下入肉丝，大火滑炒至肉丝变色，盛出；锅中留底油，爆香姜丝；下入番茄酱和甜面酱，转小火煸炒至出香味儿；下入肉丝，翻炒均匀，装盘，即可。豆腐皮洗净切成大小合适的小片儿；入沸水中焯烫后，沥干水分，与肉丝一起上桌，卷肉丝享用。至此，但见"京酱肉丝"熠熠生辉，诱人食欲，脍炙人口。语文课的优雅温婉，往往是最为引人入胜的，也是最为考验师者定力功夫的。令人欣喜和欣慰的是，闫岩做到了。

闫岩是我的高徒。2009年秋，闫岩研究生毕业后入职市三中，学校教研室黄平主任（现任市教研中心高中语文教研员）指定我担任闫岩的"师傅"。闫岩学养深厚，宠辱不惊，无事无非，教学有板有眼、有声有色、有滋有味、优雅温婉，是学生心目中的大姐姐和良师益友。在这个集子里面，闫岩的优秀课例还有《主题：京味儿》和《主题：初步感知文言文倒装句》等。

"矫正阅读弊端，指点读写迷津"是潘莉诸君主题整合式阅读教学的精髓，他们的课题课例研究方向明确，研究目的明朗，研究思路清晰，可操作性强，不乏参考借鉴意义。至于潘莉诸君在语文教学课例里如何矫正"弊端"，如何指点"迷津"，我就不用在此赘言了，请读者诸君一页一页地一篇一篇地慢慢地翻阅吧。

潘莉诸君主题整合式阅读教学的特点可以概括为五点：

一是寻找重点，完成目标整合。在进行语文主题整合式教育的过程中，应从教材和方法这两方面入手，首先需要找到合适整合的教育教材，所以要求在教材的编写过程中一定要把握好重点、抓住主线、运用明确的方法让学生能够掌握知识点，实现目标的整合。在教学过程中，更需要注重抓住文章的重点，并不是一篇文章每个部分都讲到，而是应围绕文章的重点，很自然地与其他相似文章结合起来进行讲解，从而提高教学质量以及教学效率。

二是丰富话题，完成与内容的整合。主题整合式的教学总的来说是非常讲究教师与学生的互动的，在传统的教学中，教师自顾自地讲是不被采用的，而是应通过寻找与教学内容相关的话题让学生积极地参与进来，这样可有效提高学生的积极性，还能活跃课堂气氛，培养学生的学习兴趣。同时，教师还应鼓励学生多问，实现有针对性的教学，减少教学资源的浪费，实现真正意义上的整合。

三是将书本知识有效地结合在实践中，完成资源的整合。学习书本知识是为了在以后的实践中能够灵活地运用，所以在语文的整合式教育中，就需要强调语文书本知识和实践的结合。教师在教课中可开拓室外课堂，让学生身临其境地学习知识，这样更有利于学生接受知识。也可布置与语文教学符合的实践任务，让学生根据实践来理解文章内容，这样能有效地提高学生的实践能力，实现资源的整合。

四是问题与情感体验相结合。在语文教学中，可通过角色扮演的方式来实现语文教学，学生在自我扮演过程中可以深刻地领会文本，同时在角色扮演中，更能揣摩到文章所表现的人物情感。学生在扮演过程中能够全身心地投入到语境中，了解到文章所要表达的中心思想。在教学过程中，可设计一些问题，让学生带着问题去阅读文章，这就锻炼了学生在文章中的独立思考能力。

五是多媒体教学与竞赛教学方法整合。多媒体教学相对于传统教学更有直观性和形象性，能够快速地吸引学生的注意力，所以在语文教学中已经得到了广泛的应用。在高中语文教学的整合中可以充分运用多媒体的教学方法，将重要的片段播放出来，让学生欣赏，加深他们对文章的理解。同时还可以展开课堂竞赛，比如抢答比赛和辩论赛。大多数高中生都是处在青春期，有着争强好胜的心理，教师可以利用这点，将教学资源与竞赛相结合，从而提高学生的自主学习性。

说我是看着潘莉诸君长大的，似乎是夸张了一些，而说我是看着潘莉诸君成长成熟的，绝对属实。被珠海市教研中心评为珠海市高中语文教学好项目的"古韵金声"经典诗文吟诵会和"海韵"文学社，虽说我一直是总策划、总教练、总编辑，但潘莉等六君子却是对此有重要贡献的主要参与者和执行者。他们把主题整合式阅读教学推上了舞台，也推上了报刊。

既然如此，在潘莉诸君主题整合式阅读教学课例集付梓之际，老夫缓缓戴上老花镜，慢慢推敲几行字，表扬点赞他们几句，我认为很有必要，也很有意义，估计她们也认为很有意义，很有必要。

"思想是行动的先导，理念是实践的指南，思想和理念的高度，影响着行动的实践的到达度。"在课文课程的阅读教学改革实践中，必须也应该让主题整合式阅读教学理念有一席之地。作为"为学好其他课程打下基础"的语文课程，对其进行主题整合研究显然是责无旁贷的。

为了让阅读教学的具体建议能在实践中得以落实，课标指出的主要途径是："教师应努力改进课堂教学，整体考虑知识与能力、过程与方法、情感态度与价值观的综合，注重听说读写之间的有机联系，加强教学内容的整合，统筹安排教学活动，促进学生语文素养的整体提高。"文章本身是一个综合体，比如情感和内容就是融为一体的，很难说出哪是"鼻子"，哪是"眼睛"。课标建议中的"整体考虑""整合教学内容""统筹安排教学"等理念，充分强调了阅读教学必须注重整合这一要求。这也是由语文这门学科的特性所决定的。

是为序。

# 2. 字趣、情趣及梦趣

## ——徐志摩《再别康桥》教学刍议

彭 川

（本文发表于国家核心期刊《语文月刊》2014年第4期）

徐志摩的《再别康桥》是人教版必修1第一单元重要篇目。作为学生进入高中接触的第一篇现代诗歌，教学目标不仅是学会鉴赏诗歌，而且要传授鉴赏的方法。其中最重要的一种是"知人论世"。在我的教学过程中，我把本诗的趣味与作者为人联系在一起，使学生更深刻地理解诗歌主旨，更全面地了解徐志摩的为人。

首先要看一看作者用字的趣处。诗歌是语言的精炼，对一首好的诗歌，人们最直观的感觉就是用字的精妙。历来被人们称道的是，本诗第一节的"轻轻的"在最后一节换成了"悄悄的"。要理解这一词的改换之妙，我创设情境，引导学生结合自己的实际情况去体会。高一的学生刚刚初中毕业，我引导学生闭目想象：在一个阳光明媚的午后，你独自一人重游母校。大家都在午睡，校园里静静的，你不想打扰到其他人，于是安静地沿着校道行走。这时，因为环境的安静，所以你的步子是轻轻的，但你的心却因为接近熟悉的环境而心潮澎湃。从大门的花坛，到图书馆到食堂，最后你去到以前的教室，透过玻璃窗，你看见熟悉的课桌和黑板。正当你沉浸在回忆的甜蜜中时，你发现你与回忆隔着一层玻璃，这里已经有新的主人，你只能在外静悄悄地看着。这时，你的步子仍旧是轻轻的，但你的内心却陷入了落寞。这也就是"轻轻的"与"悄悄的"区别，前者是客观的声响效果，后者是主观的心理感受。悄悄是轻轻的延续，是把空气中的静延伸到了心里。

文字不仅与情感紧密结合，而且也与一个人的性情有密切联系。

徐志摩是一个才华横溢之人，一生的风流往事也为人乐道。比如他是中华民国第一个离婚之人，再比如与林徽音和陆小曼的风流韵事。抛开品行不评论，徐志摩的多情和善情让本诗也充满了情趣。

第一处是本诗第二节的"新娘"一词。一般人在比喻柳条的风姿时会用曼妙女郎的腰身。但作者开头就来了个狠招，把金柳比作自己的新娘。作者深知女人最美的一刻就是着上婚纱的那刻。眼前的垂柳不是街头随意出现的漂亮女孩，而是即将嫁与他为妻的女人，所以这浓浓的喜爱之情也就在"新娘"一词上展露无遗。

第二处是"招摇"一词。青荇"招摇"，运用了拟人手法，同时也是贬词褒用。除此之处，这里面还有一种生活情调。面对自己喜欢的风景，作者赋予了它们人的品性，但它们不是清新的少女羞涩得低头不语，而是在面对浓浓爱意的作者时大方魅惑，舞动自己的身姿，等待作者去寻找和拥抱。这似乎有些轻佻的画面让作者多情善情的性格表现出来。于是紧接着出现第三个情趣之处——"甘心"。面对青荇的招摇，作者心底感叹一句"我甘心做一条水草"。作者有颗敏感之心，若是普通人面对美景最多也就感叹个"鬼斧神功"，这时的物与我是有一定距离的。唯独这情趣之人，在美面前想要与美合二为一，达到物我合一的境界。所以，作者眼中的康桥早已和自己一样，是个性情中人了。

接下来要谈的是本诗的梦趣。作者在第五节的结尾和第六节的开头用了"梦"这个字来串联，前者是"沉淀着彩虹似的梦"，是肯定语气。后者是"寻梦"，是疑问语气。诗歌的情绪在这一节出现了极大的转变，由先前重游故地的欢快变得低沉、疑惑及不确定。作者的梦是什么，梦实现了吗？要领略到这个"梦"字的趣味，我们就要通过知人论世的方法去看看梦是什么。

我觉得梦有三个层次。第一个层次是视觉层次——美景。康桥独有的田园风景、异域风情是让作者难以忘怀的。

第二个层次是心理层次——爱情。在康桥，作者遇见了一生最钟意的女子——林徽因。1921年作者游学剑桥，结识同样游学的林徽因。相似的家庭背景让他们结识，共同的兴趣爱好让他们互生情愫。在自由自在的大学校园里，还有什么比刻骨铭心的爱情更能给人留下烙印。而这段爱情受太多外在因素的影响，未能修成正果，但作者内心的情种已一发不可收拾。他回国后即与原配夫人张幼仪离婚，并继续苦苦追求林徽因。直至他搭乘的飞机失事，人们才发现原来那天他也是要从南京去北京见林徽因。

如果梦趣仅仅是前两层还太过于普通。第三层是精神层面——梦想。徐志摩出身富商家庭，一生衣食无忧。从小就接受了良好的文化教育。等到他北上读大学，中国正处于军阀混战的状况。他目睹了太多屠杀无辜的惨象，于是厌恶社会，决计到国外留学，寻求改变中国社会的药方，实现他心中的"理想中的革命"。他追随过罗素、狄更斯、雪莱和拜伦，最后在康桥找到了精神上的寄托——资产阶级民主自由思想。

当他1922年初次留学归国，他抱着用西方思想和体制来改变中国社会的一腔热血。而在当时的社会，军阀混战，内忧外患，他找不到资产阶级民主思想生根发芽的土壤。1922年如此，他选择等待；1925年再次别离，他再次等待。等到1928年第三次别离，他的梦想都还未实现，而且渐行渐远。所以在"沉淀着彩虹似的梦"这个肯定句之后，作者的情绪急转直下，出现了"寻梦"这样深深的疑问。作者其实是在扪心自问，当年的理想还在吗？还能实现吗？还可以继续等待吗？诗人看似没有答案，却在文字中给了自己答案——"沉默是今晚的康桥"。

梁启超评价徐志摩一生都在追求着爱、美与自由。这样一个"不可教训的个人主义者"正是在康桥这片土壤孕育的。徐志摩曾经三次来到康桥，又三次离开康桥，每次的重回与离开都会写下一篇佳作。而没想到的是，《再别康桥》成了最后一篇。或许正如作者自己所写的："在康河的柔波里，我甘心做一条水草。"

# 3. 文言文疑难实词之猜想

闫 岩

【摘要】文言实词对文言文的阅读和翻译都至关重要，遇到疑难实词必须结合具体的语境，分析字形，观察结构来进行有根据的猜想，推断出疑难实词的词义。

【关键词】文言实词；语境；字形；词句结构。

在文言文的阅读中，文言实词起着至关重要的作用，也是文言文翻译的关键所在。翻译讲究"信、达、雅"，要达到"信"就要字字落实，如果遇到了疑难的文言实词我们该怎么办呢？那就要放出我们的大招——"猜"。这个"猜"可是有讲究的，不是天马行空地"猜"，而是有根据地"猜"，我们要学会推断文言文中疑难实词的词义。

## 一、结合语境，猜想词义

"词不离句，句不离篇"是古已有之的阅读准则，对于不能立刻识别的文言实词，我们就必须结合具体的语境，根据上下文推断出疑难实词的词义。如：

隆庆时，绍兴岑郡侯有姬方娠。一人偶冲道，缚至府，问曰："汝何业？"曰："卖卜。"岑曰："我夫人有娠，弄璋乎？弄瓦乎？"其人不识所谓，漫应之曰："璋也弄，瓦也弄。"怒而责之。未己，果双生一男一女，卜者名大著。

即使我们不知道民间"弄璋""弄瓦"的说法，也可以通过分析语境来推断。上文中"娠"意思是怀孕，从下文"果双生一男一女"可以推断出"弄璋""弄瓦"分别为"生男""生女"之意。

又如：

常德军乱，夜纵火而噪。槐骑从数人于火所，且问乱故。乱者曰："将军马彦直夺吾岁请，吾属将责之偿，不为乱也。"槐坐马上，召彦直斩马前，乱者还入伍中。（选自《宋史．董槐传》—2019届广东省高三六校第一次联考）

学生在这句划线句子的翻译中对"请"字犯了难，因为"请"字的常见义项"请求""邀请"等在这里都不适用，一个常见字变成了疑难字。但我们完全可以结合语境，根据上下文推断出"请"的词义。军中发生骚乱，董槐带人来平定骚乱，询问骚乱原因，要翻译的句子为乱者阐述的原因。骚乱者为军队中的士兵，他们投诉将军马彦直，因为将军占取了士兵的什么，导致"夜纵火而噪"并"将责之偿"。军队中所得无非军粮军饷，而关乎士兵直接利益的就是他们应得的军饷，所以"岁请"应翻译为"每年的军饷"，而"请"就是"请求给予"，这个义项是词类活用，动词用作名词，"请求朝廷给予的东西"，此处可意译为"军饷"。

遇到疑难时，不妨对文中事件的发展经过和背景缘由进行梳理，由果溯因，根据语境推断出疑难实词的词义。

## 二、分析字形，猜想词义

在荀子的《劝学》中有两个"到达"意义的"至"和"致"，学生容易混淆写错。

故不积跬步，无以至千里；不积小流，无以成江海。
假舆马者，非利足也，而致千里；假舟楫者，非能水也，而绝江河。

同为"到达"之义，但两个字的字形是不同的，我们不妨从字形入手，去探寻两者的不同之处。在《说文解字》中，"至；鸟飞从高下至地也。从一，一犹地也。象形。"象形字就是"画成其物，随体诘诎"，字形就已展现出字义，"至"的本义就是"到达"。而"致，送诣也。从夂，从至。""致"字左边为"至"，右边为"夂"。在《说文解字》中"夂，小击也，即手执竿轻敲。"甲骨文"夂"像以手持杖或持鞭击打之形，"致"因多了"夂"，这个"到达"之意是有所凭借的，确切地说是"借助外界的帮助而到达"。所以"而致千里"因借助车马，是此"致"也。

又如：

每除制出，以金币来谢者，隋却之曰："公事而当私贶邪？（节选自《新唐书·路隋传》—2018年广州市普通高中毕业班综合测试（一））

臣所请兵，不满数千，半皆老弱，所赍金帛至微。（节选自《宋史·赵鼎传》—2017年广东省华南师大附中高三综合测试（三））

"贝"，字形像贝壳。古时人们以贝壳为通货手段，到了秦代则废止了贝壳的通货功能，而流行以钱币通货。所有"贝"字旁的字，都与钱相关。"贶"是赠送之义，"赍"是赐给之义。

当考查的实词字形特征非常鲜明时，分析字形给了我们一个很好的猜想实词词义的途径。汉字中80%以上是形声字，而形声字的形旁具有表意功能，我们也可以通过这个表意的形旁或部分来推断实词的词义。

## 三、观察结构，猜想词义

文言文中的对偶、对比、并列、排比、互文等相近似的语言结构较多，在对称的结构中，处于对应位置上的词语，往往词性相同，意义相同、相近或者相反、相对。我们可以利用这一结构特点，通过对已知词语词义的分析，来推断未知词语的词义。如：

邕管内制广源，外控交阯。（选自《宋史·列传第五十九》—2018届辽宁省沈阳市实验中学高三上学期期中考试）

荐举之人除命甫下，弹墨已行。（节选自《宋史·赵鼎传》—2017年广东省华南师大附中高三综合测试（三））

"内制广源，外控交阯"，"内""外"相对，"广源"与"交阯"同为地名，处于相同位置的"制"与"控"应该词性相同、意义相近，从而我们可以推断出

"控"就是控制的意思。"除命甫下，弹墨已行"，两句中有转折的意味，"甫下"与"已行"相对，推断出"弹墨"与"除命"也是相对的关系，"除命"是任命的文书，"弹墨"就是弹劾的文书。

文言文中，有的合成词是由两个同义或反义的单音节词合成的，如：

生而孤，肃之鞠育诲道，至于成人。（节选自《宋史·李承之传》—深圳市2018届高三年级第一次调研考试）

朕有是非，允常正言面论，至朕所不乐闻者，皆侃侃言说，无所避就。（选自《魏书·高允传》，有删改—珠海市2018年9月高三摸底考试）

这种情况可以看成是词语内部的结构，邻字为我们推断词义提供了很好的帮助。第一种情况是同义复词，"鞠"与"育"同义，即抚育之义，它们是同义复用。另一种情况是，偏义复词，用义偏在其中一个语素上，另一个语素只是起陪衬作用。高允经常以正直之言当面辩论的不是高宗的"是"而是高宗的"非"，所以"朕有是非"应翻译成"我有过错"，语义偏在"非"上，"是"只起到陪衬的作用。当考查的实词是一个合成词中的一个单音节词时，我们可以通过分析邻字来进行猜想。

面对文言文阅读中的疑难实词，我们可以通过分析语境、字形和词句结构，得到充足的根据，从而推断出疑难实词的词义。所以要想读懂文言文，落实文言文翻译，遇到疑难实词，我们就要敢于猜想，更要合理猜想。

# 4. 网络画板环境下的高中数学实验教学初探

竭艳丽

【摘要】数学实验教学是让学生通过自己动手操作，进行探究、发现、思考、分析、归纳等思维活动，最后获得概念、理解或解决问题的一种教学过程。数学实验可以极大地丰富高中数学教学活动的内容，有利于学生数学核心素养的形成，但却是当前数学教学的短板，主要原因与教学软件及实验环境有关。网络画板克服了目前高中数学实验教学面临的种种问题，让高中数学实验教学成为可能。本文通过网络画板支持下的数学实验教学案例，阐述数学实验的类型及模式。

【关键词】数学实验；网络画板；高中数学教学。

## 一、高中数学实验教学的现状

数学实验教学是让学生通过自己动手操作，进行探究、发现、思考、分析、归纳等思维活动，最后获得概念、理解或解决问题的一种教学过程。从数学教育的角度看，借助数学实验，学生可以在动手操作中激发起学习兴趣，加深对数学本质的理解，培养探究的意识和能力。数学实验还极大地丰富了数学活动的内容，有利于学生数学核心素养的形成。尽管我们经常提及数学实验，但它却是当前高中数学教学的短板。其原因如下：

### （一）一些教师对数学实验认知不足

很多老师认为：数学不同于物理、化学等自然科学学科，实验可有可无，没必要改变现有的教学习惯和经验。更多的教师是不知怎么组织数学实验，不知如何把数学实验有机地融入常规教学的相应内容，更担心这样的尝试会影响教学进度。于是，现在的高中数学课堂教学中，教师们还是更多地关注数学解题和逻辑推理。学生体验到的基本上是"数学成品"，学习方式还是从公理出发，沿着定义、公理、定理、推论的道路进行的，很少有机会尝试、实验或探究，找寻各种不同的答案，结果使充满美感和乐趣的数学变成了枯燥无味的公理、定理、公式和习题的堆积。实际上，完整的数学活动应包括实验、归纳、类比、猜想，其价值在于数学的发现、发明和探索。例如，欧拉公式的发现就源于实验观察、归纳和猜想，然后才是证明。勾股定理也是源于实验、观察、归纳和猜想，然后才给出严格证明的。

### （二）受学科教学软件的制约

目前，提到课件老师们马上联想到的是PPT，事实上，十几年来，大家都热衷于PPT的制作和运用，这也成为现代技术媒体运用于课堂教学的标志。PPT课件作为现代化教育的手段之一，大部分教师能正确恰当地运用到课堂中，在提高教学效率和调动学生的积极性方面确实有一定的优势，也迅速在各学科教学中得到普及，而大量使用PPT已经导致一些副作用。有一部分教师是为了迎合大形势或者是为了应付学校的一些检查，在做课件时只是简单地将要讲述的内容在PPT上罗列出来，只是将PPT作为一个电子板来使用，没有在设计上动脑筋、下功夫；一部分教师将PPT作为替代重复书写的工具，将要讲的内容堆放其中；一部分教师为了引起学生的兴趣，将一些美丽的图片、声音、视频放入其中，学生上课像在看电影，像在阅读电子读物，却提不出自己的思想、看法，理不出思路。高中数学教学需要专业的可以启发思维和促进师生互动的动态数学软件。大部分老师对动态数学软件的认知还停留在20世纪90年代的几何画板年代，但基于尺规作图原理下的操作逻辑性强，不易熟练掌握和应用，还有受其兼容性、收费等问题的困扰，导致其没法在教学中普及。近几年GeoGrebra成为一款脍炙人口的数学软件，其开放性、简洁性和资源的丰富性赢得了很多数学老师的认可，特别是在国外，已经成为最受欢迎的教学软件，但它的语言环境主要是英文，虽然现已开发了中文版本，但其原理介绍、问题处理还是要回到英文界面，资源也大多是针对国外的教材版本开发的，在国内并不为老师们熟知。加之对网络环境的要求，老师们无法将其与熟悉的其他媒体无缝连接、顺畅转换和应用。所以在老师们所熟悉的环境下，还没有一款简便适用的动态教学软件，老师们也还没有真正了解动态数学软件在数学教学中的优势，绝大多数数学探究实验无法在网络环境中完成，共享教学资源的意识也较为缺乏。

（三）受实验环境的制约

有些数学实验，有笔有纸就能做，例如折纸拼图数学游戏；有些数学实验，利用教具、模型、学具也可以完成。但是内容最丰富、与课程内容关系最密切，能直观、形象、动态提示数学本质的一类数学实验，就需要在信息技术支持下，借助数学软件来实现了。还有一些数学实验，教师可借助人工智能辅助教学。在以往的经验中，既然要做实验，理所当然要建实验室。考虑到建立数学实验室需要一定的场地和不菲的资金，所以多数学校只建了一间数学实验室。由于课多室少，数学实验室只能作为日常教学活动之外的设施，师生进入实验室活动的机会不多，使用效率不高，有些实验设施甚至沦为摆设，主要供参观展示之用。如何充分发挥现有数学实验室的作用？还没有数学实验室的学校，如何多快好省地拥有数学实验室？不在数学实验室里，能做数学实验吗？

针对目前高中数学实验教学面临的种种问题，网络画板应运而生，并以其核心技术优势助力中学数学实验。

## 二、网络画板环境下的高中数学实验教学案例

### （一）网络画板——开放共享的移动数学实验室

网络画板是在中科院张景中院士亲自参与下，在张景中院士团队多年积累的成果——超级画板的基础上，为适应互联网环境下教育信息化发展新趋势，运用国内领先的动态几何技术、智能推理技术、符号运算和网络交互技术开发的第一款国内领先的互联网环境下的理科教学工具。网络画板是适应多终端的跨平台动态数学软件，是在超级画板的技术基础上研发的，具备高效能的特点。它有快捷的动态作图功能，有丰富的内置函数，还具备编程、符号计算、几何自动推理等人工智能功能，能满足教师三角、代数、几何、统计、概率、微积分等多种动态数学教学的需求。网络画板的应用门槛低，它不必安装，上网就能用，也不必下载数据包，可以自动升级，它为"无处不在"的数学实验室提供了基础。不论课前还是课后，在教室里或是在家里，只要有计算机、智能手机或平板电脑，打开

网络就能使用。网络画板还备有单机版软件，即便在网络不稳定或没有互联网的环境下，也能正常使用课件。同时，网络画板的课件可以无缝嵌入 PPT、Word、金山专业版文字处理系统，并可直接分享到各种社交平台上，如微信、微博等。网络画板提供第三方 API 接入接口，支持与各种网站系统、教师个人空间及各应用 APP 的无缝整合嵌入。网络画板用户创建的资源全部汇聚到网络画板云端，将会为师生提供大量的课件资源，上线不到三年就汇聚了十五万多个课件，老师们可在网站通过分类资源和关键字搜索找到所需课件，如果有满足教学需要的课件，即可收藏下来应用于课堂教学，如果不能满足要求，可在完全公开的课件上面再作二次开发、创作，以满足自己的需要。网络画板被誉为人人都可以用的数学实验室。

**（二）网络画板支持下的数学实验案例**

按照教学内容和实验手法的不同，数学实验可分为观察实验、模拟实验、验证实验、探索实验。

1. 观察实验

观察是思维的入口，感性认识的开端，人们认识客观事物总是从观察开始，当然学习数学也不例外。首先要观察数学现象，得到一些感性材料，再经过分析概括、演绎推理等对这些材料进行加工处理，从而上升到理性认识的高度。很多数学规律要从大量的数学现象中提炼出来，然而传统的教学手段对数学现象的呈现方式显得过于单调和机械：在黑板上动点不动、变换不变、度量不准、参数静止。网络画板环境下的观察实验可以在动态的图形演示中，从直观上理解数学概念，并通过观察、分析，归纳出数学性质。

例如：在"指数学函数的图像和性质"这一内容的学习中，我们用一个参数控制滑条，通过调整参数值就可以很容易观察出底数对函数图像的影响，分析出 $a>1$ 和 $0<a<1$ 时图像的共性和不同，轻松归纳出指数函数图像特征和相应性质，而且感观印象清晰，后面性质的应用提取图像信息就会轻松自然，处理问题也会游刃有余。同时为后续的函数模型提供了通用的学习思路，特别是对于画函数图像比较困难的学生来说，三角函数 $y=A\sin(\omega x+\phi)+b$ 各参数对图像的影响的经典

讨论就变得轻松有趣了，三个参数滑条轻松搞定，数形结合的思想在实验过程中自然形成。网络画板的参数按钮的灵活运用，可以帮助我们解决很多与规律相关的问题。

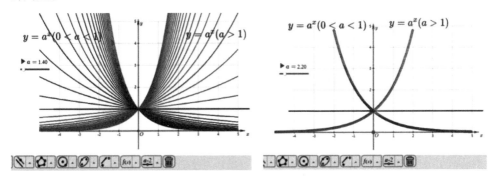

### 2. 模拟实验

有些实验不方便亲自去做，或者是有了改进的新手段，没有必要再按原来固定模式去操作，于是就有了模拟实验。模拟实验作为信息技术和学科实验教学整合的产物，是为了弥补常规实验的不足。

以高尔顿板模拟正态分布为例。高尔顿钉板，其设计者为英国生物统计学家高尔顿，指的是每一黑点表示钉在板上的一颗钉子，它们彼此的距离均相等，上一层的每一颗的水平位置恰好位于下一层的两颗正中间。从入口处放进一个直径略小于两颗钉子之间距离的小圆玻璃球，当小圆球向下降落过程中，碰到钉子后皆以 1/2 的概率向左或向右滚下，于是又碰到下一层钉子。如此继续下去，直到滚到底板的一个格子内为止。把许许多多同样大小的小球不断从入口处放下，只要球的数目相当大，它们在底板将堆成近似于正态分布的密度函数图形（即：中间高，两头低，呈左右对称的古钟形）。在课堂教学中，如果还采用此方法的话，大量时间花在了单调、重复的投球活动及相关数据的计算中，这是毫无意义的。但若借助网络画板，就能使原本费时费力的实验过程变得轻而易举，通过随机模拟高尔顿板实验演示，结合频率分布图引出正态分布概念，对正态分布概念、来由、概率值的各种特殊区间讨论便一气呵成，便于学习者理解，并且对频率直方图与正态曲线图之间的关系掌握得自然而通透。

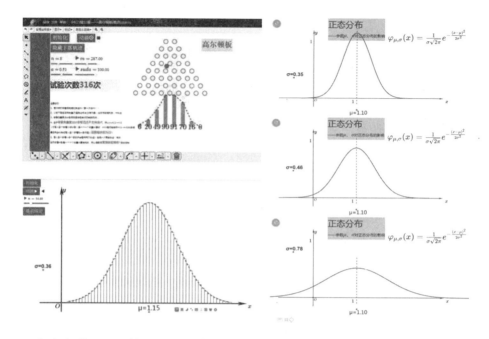

　　实践表明，以网络画板为平台的模拟实验，在培养学生的自主、合作、探究及创新能力等方面起到了很好的效果。当然，丰富的内置函数使得网络画板除了可以进行概率与统计、导数积分等有实际背景问题的模拟之外，还可以实现立体几何中从三维到二维过渡的模拟，帮助学生确立空间观念，克服对立体几何学习的畏难情绪。

　　例如：平面截正方体截面多边形的讨论，对于空间观念不强的学生来说，很难想象。网络画板 3D 动画可以轻松减弱问题的难度。在 3D 界面，设计一个正方体，用一个动态平面去截取，形成各种不同的截面，提取截面多边形并通过平移的方式同步显示其平面图形，平面截正方体得到截面为三角形、四边形、五边形和六边形的各种情形都可以从不同的角度展示出来。

　　3.验证实验

　　著名数学家牛顿说过："没有大胆的猜测就没有伟大的发现。"日本数学家小平邦彦也认为："数学中的结论三分之一是证明出来的，三分之一是计算出来的，还有三分之一是猜出来的。"数学中存在着大量的未经证明的猜想，怎样验证这些猜想？网络画板是非常好的验证猜想的平台，可以通过验证性实验来实现。验证性实验通常是运用网络画板的度量功能，通过几何图形的动态变化，使人能直观地理解图形中的几何规律，深刻地领会以前在纸上无法观测到的几何原理，获得广泛的数学活动经验。如无论是在解析几何还是在立体几何中，和定值有关的问题都是教学中的难点，而通常这类问题都可以通过验证性实验使问题变得简单。

例如：一类动直线问题的讨论

问题（1）：已知圆，点 $M$ 是圆 $x^2 + y^2 = r^2$ 上的一个定点，过点 $M$ 作两条互相垂直的直线 $MA$、$MB$，与圆的另两个交点分别为点 $A$ 和点 $B$，则直线 $AB$ 过定点，请说明理由。

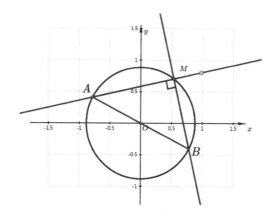

根据圆的性质，由 $MA \perp MB$ 可知，该 $AB$ 为圆的直径，故无论点 $A$、$B$ 如何移动，直线 $AB$ 必过圆心 $O$，即定点。那么，改变条件"过 $M$ 点作两条互相垂直的直线"为"过 $M$ 点作两条倾斜角互补的直线 $MA$、$MB$"，则直线 $AB$ 是否还具有类似的性质。即：

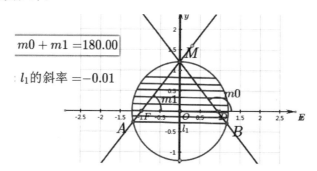

问题（2）：已知圆 $x^2 + y^2 = r^2$，点 $M$ 是圆上一个定点，过点 $M$ 作两条倾斜角互补的直线 $MA$、$MB$，交圆的另两个顶点分别为 $A$、$B$，则直线 $AB$ 具有何种性质？

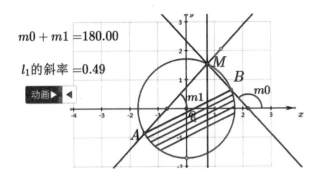

我们可以先考虑点 $M$ 的特殊位置，如点 $M$ 在 $x$ 轴上，点 $M$ 的坐标为 $(o、r)$ 时，用网络画板来演示，直线 $AB // OX$，即直线 $AB$ 是一组平行线。由此推广为一般情况，当 $M$ 是圆上任意一个定点时，猜想：直线 $AB$ 也是一组平行线。用网络画板来验证，观察当点 $A$ 在圆上运动时，直线 $AB$ 的斜率变化情况。

可发现：直线 $AB$ 的斜率 $k_{AB}=0.49$ 不变，如果改变点 $M$ 的位置，观察当点 $A$ 在圆上运动时直线 $AB$ 的斜率变化情况，会发现直线 $AB$ 的斜率也保持不变。这样，便能得到直线 $AB$ 也是一组平行线的结论，接下来可引导学生写出证明过程。

上面证明，结论对圆而言成立，那么，结论对椭圆而言是否有类似的结论呢？对抛物线呢？即类似地可以提出以下问题：

问题（3）：点 $M$ 是椭圆 $\dfrac{x^2}{a^2}+\dfrac{y^2}{b^2}=1(a>0,b>0)$ 上一定点，直线 $MA$ 与直线 $MB$ 倾斜角互补，且点 $A$、$B$ 在椭圆上，则直线 $AB$ 是一组平行线吗？

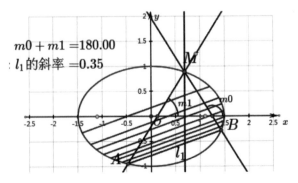

问题（4）：设点 $M$ 是抛物线 $y^2=2px$（$p>0$）上一定点，直线 $MA$ 与直线 $MB$ 倾斜角互补，且点 $A$、$B$ 在椭圆上，则直线 $AB$ 是一组平行线吗？

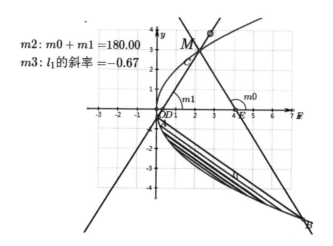

学生用网络画板演示，观察当点 $A$ 在椭圆或抛物线上运动时，直线 $AB$ 的斜率变化情况，同样可以发现，直线 $AB$ 的斜率不变，因此直线 $AB$ 仍然是一组平行线。证明问题（4）的结论方向明确，只要想办法证明当点 $A$ 在椭圆或抛物线上运动时，直线 $AB$ 的斜率是定值。这样，就完成了一类问题的探究。

4. 探索实验

探索性实验的特点是学生在不知道结论的情况下，以教师所给的一系列启发学生动手、动脑的问题为指导，进行实验并探索结论。探索性实验不仅是停留在使学生获得实验的基本操作技能上，更为重要的是学生通过实验得到了科学的思维、方法与技能的培养。在这一点上，传统教学是非常欠缺的。

例如，通过对课习题"一动圆与圆 $x^2+y^2+6x+5=0$ 外切，同时与圆 $x^2+y^2-6x-91=0$ 内切，求动圆圆心轨迹方程，并说明它是什么曲线"的分析，来探讨与两个圆都相切的圆的圆心轨迹是什么？这是一个很复杂的问题，其结论与两圆的位置关系相离、相交、内含有关，也与两圆怎么相切有关，都内切、都外切还是一个内切一个外切。学生作图难度大，仅凭已有知识通过计算来完成，困难也很大。情况的复杂性直接影响问题的转化和对结论的猜想，但在教学中我们往往需要对问题进行拓展，从而形成探索一类问题的思考方式和思维体系。网络画板帮助学生通过设定参数调整两圆的位置关系、两圆半径大小，分类动态演示不同情况下与两圆相切的动圆圆心轨迹。轨迹图形和度量功能同时运用，对于规律的发现和总结提供了直观想象的空间和抽象模型的方向，又可以为规律的总结归纳创造更多的可能性，学生的创造性思维得以释放。网络画板这种开放性，为的就是给学生提供更为广阔的探索空间。设计多种与两圆内、外切的圆的圆心的动态图形，形成追踪，辅助思考，从而探究其轨迹和轨迹方程。

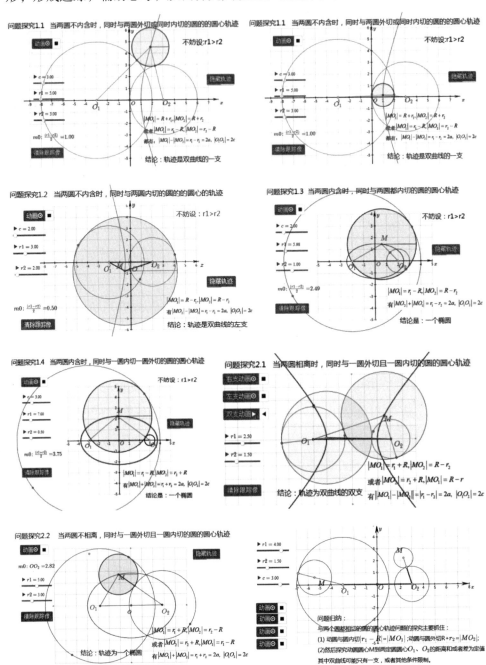

（三）网络画板环境下数学实验教学的体会

利用网络画板开展数学实验能更有效地进行"观察—探究—发现—猜想—验证—证明—拓广"的教学。在网络画板支持下的教学设计中，探究和猜想可以成为数学学习的主线，鼓励学生主动验证自己的猜想，自己发现新命题，并在这个过程中获得逻辑证明的思路，从而丰富自己的数学经验，有利于提高直觉能力、想象能力和创新能力，促进良好的个性品质和数学核心素养的形成。网络画板为高中数学教学设计提供了丰富的资源和强有力的技术支持，使得教师的教和学生的学都充满创意和乐趣，师生互动的过程变得亲切、自然、生动、有趣，学生通过自主的、积极的数学思维而成功建构数学概念、解决数学问题，这种成功的体验激发了学生学习数学的兴趣，更是消除学生"数学焦虑"恐惧症的好途径。网络画板支持下的数学实验教学革新了传统数学教学模式，必将成为传统数学教学方式的有益补充。

# 5. 学生在简单线性规划问题中的错因浅析

陈维涛

【摘要】线性规划是高中数学中优化问题的重要模型之一，在近几年高考中占有比较高的地位，二元一次不等式组有丰富的实际背景，是刻画平面区域的重要工具。大纲要求学生体会线性规划的基本思想，并能借助几何直观解决一些简单的线性规划问题，体会数学知识形成过程中所蕴含的数学思想和方法，以及它们在今后学习中的作用，引发对现实世界中的一些模型（包括了金融、教育投资、工厂生产、饮食、新产品开发、人力调配、资源利用等等）进行思考是课标的重要内容。

【关键词】线性目标函数；线性约束条件；二元一次不等式组；可区域；可行解；最优解。

最近笔者在教学中发现学生在利用二元一次不等式组画平面区域和寻找最优解过程中，尤其是在应用题中出现的错误比较多，下面就把近几年高考中考查的知识点进行简单的梳理，并把学生平时做题、考试中出现的一些典型错误进行分析：

## 一、知识梳理

### （一）二元一次不等式表示的平面区域

在平面直角坐标系中，设有直线 $Ax+By+C=0$（ $B$ 不为 0 ）及点 $P(x_0,y_0)$，则：

（1）若 $B>0$，$Ax_0+By_0+C>0$，则点 P 在直线的上方，此时不等式 $Ax+By+C>0$ 表示直线 $Ax+By+C=0$ 上方的区域；

（2）若 $B>0$，$Ax_0+By_0+C<0$，则点 $P$ 在直线的下方，此时不等式 $Ax+By+C<0$ 表示直线 $Ax+By+C=0$ 下方的区域（注：若 $B$ 为负，则可先将其变为正）。

由此可知，二元一次不等式 $Ax+By+C>0$ 在平面直角坐标系中表示直线 $Ax+By+C=0$ 某一侧所有点组成的平面区域。我们把直线画成虚线以表示区域不含边界直线。当我们在坐标系中画不等式 $Ax+By+C \geqslant 0$ 所表示的平面区域时，此区域应包括边界直线，则把边界直线画成实线。

由于对在直线 $Ax+By+C=0$ 同一侧的所有点 $(x,y)$，把它们的坐标 $(x,y)$ 代入 $Ax+By+C$，所得到的实数的符号都相同，所以只需在此直线的某一侧取一个特殊点 $(x_0,y_0)$，从 $Ax_0+By_0+C$ 的正负情况，即可判断 $Ax+By+C>0$ 表示直线哪一侧的平面区域。特殊地，当 $C \neq 0$ 时，直线不过原点，通常把原点作为特殊点。

### （二）线性规划问题

求线性目标函数在线性约束条件下的最大值或最小值的问题，统称为线性规划问题。

满足线性约束条件的解 $(x,y)$ 叫作可行解，由所有可行解组成的集合叫作可行域（类似函数的定义域），使目标函数取得最大值或最小值的可行解叫作最优解。

线性规划问题一般用图解法，其步骤如下：

（1）根据题意，设出变量 $x$，$y$；

（2）找出线性约束条件；

（3）确定线性目标函数 $z=f(x,y)$；

（4）画出可行域（即各约束条件所示区域的公共区域）；

（5）利用线性目标函数作平行直线系 $f(x,y)=t$（$t$ 为参数）；

（6）观察图形，找到直线 $f(x,y)=t$ 在可行域上使 $t$ 取得所求最值的位置，以确定最优解，给出答案。

生产实际中有许多问题都可以归结为线性规划问题，而且在一些地方容易犯错：

## 二、典型例题分析

### （一）没有准确地掌握平面区域的定义

**例题 1** 下面给出四个点中，位于 $\begin{cases} x+y-1<0 \\ x-y+1>0 \end{cases}$，表示的平面区域内的点

是（  ）

    A.（0，2）  B.（–2，0）  C.（0，–2）  D（2，0）

错解：选 B

错选分析：产生错误的原因在于没有准确地掌握平面区域的定义：区域内点的坐标要适合每一个不等式组，也就是两个或几个区域的公共部分。

正解：选 C

**例题 2** （2013 四川卷）若变量 $x$，$y$ 满足约束条件 $\begin{cases} x+y\leq 8 \\ 2y-x\leq 4 \\ x\geq 0 \\ y\geq 0 \end{cases}$，且 $z=5y-x$ 的

最大值为 $a$，最小值为 $b$，则 $a-b$ 的值是（  ）

  A. 48    B. 30    C. 24    D. 16

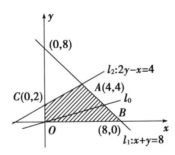

解析：画出可行域如图阴影部分（包括边界）易解得 $A$（4，4），$B$（8，0），$C$（0，2）。对目标函数令 $z=0$ 作出直线 $l_0$，上下平移易知过点 $A$（4，4），$z$ 最大 $=16$，过点 $B$（8，0），$z$ 最小 $=-8$，即 $a=16$，$b=-8$，

  ∴ $a-b=24$. 选 C.

  正解：C

（二）忽略题目的限定条件

**例题 3** 设变量 $x$，$y$ 满足约束条件 $\begin{cases} x-y \geq -1 \\ x+y \leq 4 \\ y \geq 2 \end{cases}$ 的平面区域面积为 _____.

错解：1

错选分析：产生错误的原因在于对于含有多个区域的公共区域的线性规划求面积问题不能准确地找出所求面积。

正解：$\dfrac{1}{4}$

**例题 4** 在坐标平面内，不等式组 $\begin{cases} y \geq 2|x|-1 \\ y \leq x+1 \end{cases}$ 所表示的平面区域的面积为（　　）

A. $2\sqrt{2}$          B. $\dfrac{8}{3}$          C. $\dfrac{2\sqrt{2}}{3}$          D. 2

解析：作出不等式组所表示的可行域（如图），通过解方程可得 $A\left(-\dfrac{2}{3}, \dfrac{1}{3}\right)$，

$B(2, 3)$，$C(0, -1)$，$E(0, 1)$，如图可知，$S_{\triangle ABC} = S_{\triangle ACE} + S_{\triangle BCE} = \dfrac{1}{2} \times |CE| \times$

$(x_B - x_A) = \dfrac{8}{3}$.

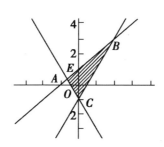

正解：B

（三）没有理解截距的真实含义

**例题 5** （2010 全国）已知 $\square ABCD$ 的三个顶点为 $A(-1, 2)$，$B(3, 4)$，$C(4, -2)$，点 $(x, y)$ 在 $\square ABCD$ 的内部，则 $z=2x-5y$ 的取值范围是（　　）。

A. $(-14, 16)$　　B. $(-14, 20)$　　C. $(-12, 18)$　　D. $(-12, 20)$

错解：A

错选分析：没有理解截距的真实含义，对于目标函数 $z=2x-5y$ 的变形 $y=\frac{2}{5}x-\frac{1}{5}z$ 中 $-\frac{1}{5}z$ 取得最小时，$z$ 反而最大。

正解：B

**例题 6** 在平面直角坐标系中，若点 $(-2, t)$ 在直线 $x-2y+4=0$ 的上方，则 t 的取值范围是（    ）

     A.$(-\infty, 1)$    B.$(1, +\infty)$    C.$(-1, +\infty)$    D.$(0, 1)$

解析：将 $x=-2$ 代入直线 $x-2y+4=0$ 中，得 $y=1$。因为点 $(-2, t)$ 在直线上方，

∴ $t>1$。

正解：B

**（四）不能理解题意，找不到目标函数。**

**例题 7** （2011广州一模）某所学校计划招聘男教师 $x$ 名，女教师 $y$ 名，$x$ 和

$y$ 必须满足约束条件 $\begin{cases} 2x-y \geq 5 \\ x-y \leq 2 \\ x < 6 \end{cases}$，则该校招聘的教师最多是 _____ 名。

错解：10

错选原因：对于目标函数，不能根据已知条件列出函数表达式，中等难度，要多加训练。

正解：13

**例题 8** （2013·汕头二模）给出平面区域 $G$，如图所示，其中 $A(5,3)$, $B(2,1)$, $C(1,5)$。若使目标函数 $P=ax+y$（$a>0$）取得最大值的最优解有无穷多个，则 $a$ 的值为（    ）。

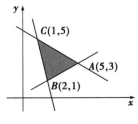

    A.4        B.2        C.12        D.23

解析：∵目标函数 $P=ax+y$，∴ $y=-ax+P$。

故目标函数值 $P$ 是直线 $y=-ax+P$ 的截距，当直线 $y=-ax+P$ 的斜率与边界 $AC$ 的斜率相等时，目标函数 $P=ax+y$ 取得最大值的最优解有无数多个，此时，$-a=\dfrac{5-3}{1-5}=-\dfrac{1}{2}$，即 $a=\dfrac{1}{2}$，故选 C。

正解：C

**（五）较为复杂的目标函数求解**

**例题 9** （2013·韶关二模）4 件 A 商品与 5 件 B 商品的价格之和不小于 20 元，而 6 件 A 商品与 3 件 B 商品的价格之和不大于 24 元，则买 3 件 A 商品与 9 件 B 商品至少需要（  ）

  A. 15 元　　　　　B. 22 元　　　　　C. 36 元　　　　　D. 72 元

解析：设一件 A 商品的价格为 $x$ 元，一件 B 商品的价格为 $y$ 元，买 3 件 A 商品与 9 件 B 商品需要 $z$ 元，则 $z=3x+9y$，其中 $x$、$y$ 满足不等式 $\begin{cases} 4x+5y \geqslant 20 \\ 6x+3y \leqslant 24 \end{cases}$，作出不等式组表示的平面区域，得到如图的 $\triangle ABC$ 及其内部，

其中 A（0，4），B（0，8），$C\left(\dfrac{10}{3}, \dfrac{4}{3}\right)$。

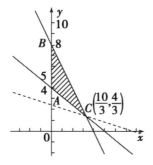

设 $z=F(x, y)=3x+9y$，将直线 $l$：$z=3x+9y$ 进行平移，当 $l$ 经过点 $C$ 时，目标函数 $z$ 达到最小值，

$\therefore z_{最小值}=F\left(\dfrac{10}{3}, \dfrac{4}{3}\right)=3\times\dfrac{10}{3}+9\times\dfrac{4}{3}=22$。因此，当一件 A 商品的价格为 $\dfrac{10}{3}$ 元，一件 B 商品的价格为 $\dfrac{4}{3}$ 元时，可使得买 3 件 A 商品与 9 件 B 商品费用最小，最小费用为 22 元。故选 B。

正解：B

### （六）目标函数含有"二次"

**例题 10**（武汉高三模拟试题）已知 $x$，$y$ 满足 $\begin{cases} x \geq y \\ x+2y \leq 4, \\ y \geq -2 \end{cases}$ 则 $s=x^2+y^2+$

$2x-2y+2$ 的最小值为（　　）。

A. 2　　　　　　B. 3　　　　　　C. 9　　　　　　D. 1

错选原因：不能准确理解目标函数的几何意义。

解析：画出可行域，由 $s = x^2 + y^2 + 2x - 2y + 2 = (x+1)^2 + (y-1)^2$，根据几何意义

知，表示可行域内的点到点（$-1$，$1$）的距离的平方，几道边界 $s_{\min} = \left(\dfrac{-1-1}{\sqrt{2}}\right)^2 = 2$，

故选 A。

**例题 11**（2018·山东卷）在平面直角坐标系 $xOy$ 中，$M$ 为不等式组

$\begin{cases} 2x+3y-6 \leq 0 \\ x+y-2 \geq 0 \\ y \geq 0 \end{cases}$ 所表示的区域上一动点，则 $|OM|$ 的最小值是 ＿＿＿＿＿＿＿。

解析：由题意知原点 $O$ 到直线 $x+y-2=0$ 的距离为 $|OM|$ 的最小值。

所以 $|OM|$ 的最小值为：$\dfrac{2}{\sqrt{2}} = \sqrt{2}$。

正解：$\sqrt{2}$

### （七）最大值与最小值弄混淆

**例题 12**（广东）若变量 $x$、$y$ 满足约束条件 $\begin{cases} y \leq x \\ x+y \leq 1, \\ y \leq -1 \end{cases}$ 且 $z=2x+y$ 的最大值

和最小值分别为 $M$ 和 $m$，则 $M-m=$（　　）。

A. 8　　　　　　B. 7　　　　　　C. 6　　　　　　D. 5

错选原因：很多学生最大值和最小值没有弄清楚。

解析：作出不等式组 $\begin{cases} y \leq x \\ x+y \leq 1 \\ y \leq -1 \end{cases}$ 所表示的可行域如下图中的阴影部分所表示，

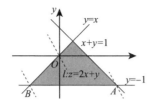

直线 $y=-1$ 交直线 $x+y=1$ 于点 $A$（2，-1），交直线 $y=x$ 于点 $B$（-1，1），作直线 $l : z=2x+y$，则 $z$ 为直线 $l$ 在 $y$ 轴上的截距，经过点 $A$ 时，截距最大，此时 $Z$ 取得最大值 $M$，即 $M=2*2+(-1)=3$。经过 $B$ 时，截距最小，此时 $Z$ 取得最小值 $m=-3$，故选 C。

**例题 13** （2013·大纲全国卷）记不等式组 $\begin{cases} x \geq 0 \\ x+3y \geq 4 \\ 3x+y \leq 4 \end{cases}$ 所表示的平面区域

为 $D$。若直线 $y=a$（$x+1$）与 $D$ 有公共点，则 $a$ 的取值范围是 _____。

解析：已知不等式组表示的平面区域如图：

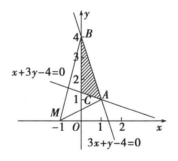

其中的三角形 $ABC$ 及其内部，直线 $y=a$（$x+1$）是过定点（-1，0）斜率为 $a$ 的直线，该直线与区域 $D$ 有公共点时，$a$ 的最小值为 $MA$ 的斜率，最大值为 $MB$ 的斜率，其中点 $A$（1，1），$B$（0，4），故 $MA$ 的斜率等于 $\dfrac{1-0}{1- \ -1}=\dfrac{1}{2}$，$MB$ 的

斜率等于 $\dfrac{4-0}{0- \ -1}=4$，故实数 $a$ 的取值范围是 $\left[\dfrac{1}{2}, 4\right]$。

答案：$\left[\dfrac{1}{2}, 4\right]$

**例题 14** （2012·厦门模拟）某公司租赁甲、乙两种设备生产 A,B 两类产品，甲种设备每天能生产 A 类产品 5 件和 B 类产品 10 件，乙种设备每天能生产 A 类产品 6 件和 B 类产品 20 件。已知设备甲每天的租赁费为 200 元,设备乙每天的租赁费为 300 元,现该公司至少要生产 A 类产品 50 件,B 类产品 140 件,所需租赁费最少为 _____ 元。

解析:设甲种设备需要生产 $x$ 天,乙种设备需要生产 $y$ 天,该公司所需租赁费为 $z$ 元,则 $z=200x+300y$,甲、乙两种设备每天生产 A,B 两类产品的情况见下表:

| 产品 \ 设备 | A 类产品 / 件 ($\geq 50$) | B 类产品 / 件 ($\geq 140$) | 租赁费 / 元 |
|---|---|---|---|
| 甲设备 | 5 | 10 | 200 |
| 乙设备 | 6 | 20 | 300 |

$x$,$y$ 满足的关系式为 $\begin{cases} 5x+6y \geq 50 \\ 10x+20y \geq 140 \\ x \geq 4, y \geq 0 \end{cases}$,即 $\begin{cases} x+\dfrac{6}{5}y \geq 10 \\ x+2y \geq 14 \\ x \geq 0, y \geq 0 \end{cases}$。

作出不等式表示的平面区域,当对应的直线过两直线 $\begin{cases} x+\dfrac{6}{5}y=10 \\ x+2y=14 \end{cases}$ 的交点 (4,5) 时,目标函数 $z=200x+300y$ 取得最小值为 2 300 元。

答案:2 300

**例题 15** (2019·四校联考)某工厂有 A,B 两种配件生产甲、乙两种产品,每生产一件甲产品使用 4 个 A 配件耗时 1h,每生产一件乙产品使用 4 个 B 配件耗时 2h,该厂每天最多可从配件厂获得 16 个 A 配件和 12 个 B 配件,按每天 8h 计算,若生产一件甲产品获利 2 万元,生产一件乙产品获利 3 万元,问:如何安排生产才能使利润最大?

解析:设甲、乙两种产品分别生产 $x$ 件、$y$ 件,工厂获得的利润为 $z$,由已知条件可得二元一次不等式组:

$\begin{cases} x+2y \leq 50 \\ 4x \leq 16 \\ 4y \leq 12 \\ x \geq 0 \\ y \geq 0 \end{cases}$,目标函数为 $z=2x+3y$。

把 $z=2x+3y$ 变形为 $y = -\dfrac{2}{3}x + \dfrac{z}{3}$，这是斜率为 $-\dfrac{2}{3}$，在 $y$ 轴上的截距为 $\dfrac{z}{3}$ 的直线。当 $z$ 变化时，可以得到一组互相平行的直线，当截距 $\dfrac{z}{3}$ 最大时，$z$ 取得最大值。

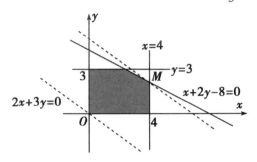

由上图可以看出，当直线 $y = -\dfrac{2}{3}x + \dfrac{z}{3}$ 过直线 $x=4$ 与直线 $x+2y-8=0$ 的交点 $M$（4，2）时，截距 $\dfrac{z}{3}$ 的值最大，最大值为 $\dfrac{14}{3}$，这时 $2x+3y=14$。所以，每天生产甲产品 4 件，乙产品 2 件时，工厂可获得最大利润 14 万元。

**例题 16** 设函数 $f(\theta) = \sqrt{3}\sin\theta + \cos\theta$，其中，角 $\theta$ 的顶点与坐标原点重合，始边与 $x$ 轴非负半轴重合，终边经过点 $P$（$x$，$y$），且 $0 \leqslant \theta \leqslant \pi$。

（1）若点 $P$ 的坐标为 $\left(\dfrac{1}{2}, \dfrac{\sqrt{3}}{2}\right)$，求 $f(\theta)$ 的值；

（2）若点 $P$（$x$，$y$）为平面区域 $\Omega : \begin{cases} x+y \geqslant 1 \\ x \leqslant 1 \\ y \leqslant 1 \end{cases}$ 上的一个动点，试确定角 $\theta$ 的取值范围，并求函数 $f(\theta)$ 的最小值和最大值。

解析:（1）由点 $P$ 的坐标和三角函数的定义可得 $\begin{cases} \sin\theta = \dfrac{\sqrt{3}}{2} \\ \cos\theta = \dfrac{1}{2} \end{cases}$。于是

$$f(\theta) = \sqrt{3}\sin\theta + \cos\theta = \sqrt{3} \times \dfrac{\sqrt{3}}{2} + \dfrac{1}{2} = 2。$$

（2）作出平面区域 $\Omega$（即三角形区域 $ABC$）如图所示，其中 $A$（1,0）,$B$（1,

1)，$C$（0，1）。于是 $0 \leq \theta \leq \dfrac{\pi}{2}$。

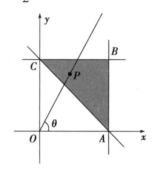

又 $f(\theta) = \sqrt{3}\sin\theta + \cos\theta = 2\sin\left(\theta + \dfrac{\pi}{6}\right)$，且 $\dfrac{\pi}{6} \leq \theta + \dfrac{\pi}{6} \leq \dfrac{2\pi}{3}$，故当

$\theta + \dfrac{\pi}{6} \leq \dfrac{\pi}{2}$，即 $\theta = \dfrac{\pi}{3}$ 时，$f(\theta)$ 取得最大值，且最大值等于 2；当 $\theta + \dfrac{\pi}{6} = \dfrac{\pi}{6}$，即

$\theta = 0$ 时，$f(\theta)$ 取得最小值，且最小值等于 1。

（八）和几何意义联系的题目对几何意义理解未到位导致题目无法求解

**例题 17** （佛山）设 $x$，$y$ 满足约束条件 $\begin{cases} x \geq 0 \\ y \geq x \\ 4x + 3y \leq 12 \end{cases}$，则 $\dfrac{2y+2}{x+1}$ 的最大值是

（　　）。

　　　　A. 5　　　　　B. 6　　　　　C. 8　　　　　D.10

解析：画出可行域如图，$\dfrac{y+1}{x+1}$ 的几何意义是点 $M$（−1，−1）与可行域内的

点 $P$（$x$，$y$）连线的斜率，当点 $P$ 移动到点 $N$（0，4）时，斜率最大，最大值为

$\dfrac{4 - \ -1}{0 - \ -1} = 5$，$\therefore \dfrac{2y+2}{x+1} = 2 \times 5 = 10$。故选 D。

正解：D

**例题 18** （惠州调研）设平面区域 $D$ 是由双曲线 $y^2 - \dfrac{x^2}{4} = 1$ 的两条渐近线和

抛物线 $y^2 = -8x$ 的准线所围成的三角形（含边界与内部）。若点 $(x, y) \in D$，则

目标函数 $z = x + y$ 的最大值为 _____。

解析：双曲线 $y^2 - \dfrac{x^2}{4} = 1$ 的两条渐近线为 $y = \pm \dfrac{1}{2}x$，抛物线 $y^2 = -8x$ 的准线为

$x = 2$，作出平面区域 $D$，如图阴影部分。

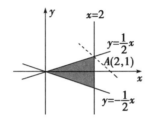

当直线 $y = -x + z$ 过点 $A$（2，1）时，$z$ 取最大值，$z_{max} = 3$。

正解：3

学生解数学应用题的最常见困难是不会将实际问题提炼成数学问题，即不会建模。所以把实际问题转化为线性规划问题是本节的难点，并紧紧围绕如何引导学生根据实际问题中的已知条件，找出约束条件和目标函数，然后利用图解法求出最优解作为突破这个难点的关键。

对学生而言解决应用问题的障碍主要有三类：①不能正确理解题意，弄清各元素之间的关系。②不能分清问题的主次关系，因而抓不住问题的本质，无法建立数学模型。③孤立地考虑单个的问题情景，不能多方联想，形成正迁移。针对这些障碍以及题目本身文字过长等因素，将本课设计为计算机辅助教学，从而将实际问题鲜活直观地展现在学生面前，以利于理解；分析完题后，能够抓住问题的本质特征，从而将实际问题抽象概括为线性规划问题。另外，利用计算机可以较快地帮助学生把握寻找整点最优解的方法。

# 6. 情境式六步教学法在高中英语语法课堂中的实践研究

袁也晴

【摘要】高中英语语法课堂"情境式六步教学法"是以培养学生创新精神和语言实践能力为主要目的的教学方式和课堂形态。以此为基础设计的课堂形式改革了传统语法课堂的弊端，提供了生动具体的语法情境，发展了学生基本语言能力，提高了学生运用英语获取信息、处理信息、分析和解决问题的能力，挖掘了学生思维的深刻性和独创性，是优化高中英语语法课堂的有效途径。

【关键词】高中英语；语法教学；情境式六步教学法；创设情境；拓展延伸。

## 一、引言

高中英语语法教学普遍存在"耗时多，收效少"问题，考试成绩通常被作为终极评价标准，课堂讲解与课后练习主要与考试题型相关，在教法上常以引用各种规则解释语法现象的方法为主，课堂陷入"讲解规则、举例说明、练习印证"的模式中。在这样的课堂环境里，学生处于被动局面，教学实效性亟待提高；部分教师片面强调培养学生的语言交际能力，淡化语法教学，希望学生在轻松的体验式学习模式下自然习得语言规律，导致不少学生基础语法掌握不牢，常常不能运用准确得体的语言进行表达。

从教材角度看，新教材编排语法项目的方式利弊相生。教材体现了语法现象阶段性反复循环的特点，但中断了语法知识之间的内在联系，忽视了语法知识结构的连贯性和系统性，加上教学模式和训练方法的机械化，使得一些学生较难形成完整的语法体系。因此，优化语法课堂教学，提高教学效率势在必行。

## 二、情境式语法教学的理论依据

情境式语法教学是指教师借助生动直观的环境将抽象晦涩的语法现象呈现在学生面前，使学生在情境参与中加深对语法知识的理解。它是由英国应用语言学家在 20 世纪 30 年代至 60 年代提出并逐渐发展形成，其理论依据有三个：一是情感和认知相互作用原理。情境教学法是要在教学过程中引起学生积极的、健康的情感体验，提高学生学习的积极性，使学习活动成为学生主动进行的事情。欢快活泼的课堂气氛是取得优良教学效果的重要条件，学生情感高涨和欢欣鼓舞之时往往是知识内化和深化之时；二是认知的直观原理。捷克教育家夸美纽斯在《大教学论》中写道："一切知识都是从感官开始的。"这种论述反映了教学过程中学生认知规律的一个重要方面：直观可以使抽象的知识具体化、形象化，有助于学生感性知识的形成。情境教学法使学生身临其境或如临其境，是给学生展示鲜明具体的形象，使学生从形象的感知达到抽象理性的顿悟；三是思维科学的相似原理。情境教学法要在教学过程中创设许多生动的场景，也就是为学生提供更多的感知对象，使学生大脑中的相似块（知识单元）增加，有助于培养学生思维的深刻性和系统性。

基于以上语法教学现状及语法教学理论，笔者创新开发了适合高中英语语法教学的情境式六步教学法，在引导学生积极交流和主动学习、增强学生认知和感悟体验方面收到了良好效果。

## 三、情境式六步教学法的目标及创新之处

《高中英语新课程标准》主要提出了六个基本理念：面向全体学生，注重素质教育；整体设计目标，体现灵活开放；突出学生主体，尊重个体差异；选择活动途径，倡导体验参与；注重过程评价，促进学生发展；开发课程资源，拓展学用渠道。新课程标准所倡导的教学要求就是要改变传统的教学模式，根据高中学生认知特点和学习发展需要，在进一步发展学生基本语言运用能力的同时，着重提高学生用英语获取信息、处理信息、分析和解决问题的能力，最大限度地调动学生学习的积极性和主动性，激发学习潜能，逐步培养学生用英语进行思维和表

达的能力。"高中英语语法课堂六步教学法"对于实现这样的目标将起到积极的推动作用，其主要任务是通过"提炼目标——创设情境——探究问题——启发思维——建构知识——拓展延伸"来调动学生探究学习的积极性，开启学生的心智，引导学生掌握英语文化和语言知识，习得英语学习策略，提高自主与合作学习的能力，有效地提高学生的综合英语语言运用能力。

情境式六步教学法的创新之处是能够分阶段、分层次地为学生获得语言文化知识和技能提供必要的物质载体，激活学生语言感知和语言思维；能够对教学内容起到一定的活化和优化作用；能够充分增强学生的语言学习情感体验，加深对语言知识的理解感悟。学生在这样的教学模式引导下，能够深入体会和感悟学习内容，达到活学活用的效果，提高教学效果。

## 四、课堂教学实践研究

### （一）教学内容

以 Module4 Unit3 的语法项目——V-ing 为例。V-ing 的运用一直是学生们认为比较难掌握的语法项目之一。单纯的讲解和练习作用甚微，学生容易忘记，但通过创设情境，探究问题，启发思维，建构知识，拓展延伸等方法，学生体会到 V-ing 在生活中的运用，能帮助学生顺利地解决难题，正确使用该项语法。

### （二）课前准备

教师根据学生感兴趣的动漫故事"柯南智侦少女绑架案"来进行课件制作，其中为了更多地使用 V-ing 短语，案件内容有所改编。

### （三）提炼教学目标

语言能力：学生通过创设情境，探究问题，启发思维，建构知识，拓展延伸等一系列活动理解并掌握 V-ing 的部分用法，使学生能在实际生活中合理运用。

学习能力：运用六步教学法帮助提高学生自主获取信息和处理、交流信息的能力，培养学生自主学习和探究的能力。

思维品质：锻炼学生思维的深刻性、灵活性、独创性和系统性，学会自主建构认知体系。

文化意识：教师和学生共同感受社会正义感，树立生命意识。

## （四）教学过程

Step 1：Lead in——创设情境

开篇以侦探的角度，讲述他所听到的一则绑架的新闻，新闻摘要如下：

This is EMC news. A good – looking girl named Lily is kidnapped（绑架）.According to her parents，in her _____ room，the _____ girl left a message saying she would go to meet a net friend named " _____ fish" on April 1st and her cell phone is put in her uniform which had been put into the _____ machine. The very night his parents received a phone call from the kidnapper，whose voice couldn't be clarified. And the girl was last seen beside a _____ pool.

根据上文可知绑架的基本情况：被绑架者是一个名为 Lily 的女孩，与刚认识不久的朋友见面后被不明人士绑架。这个故事是有关"青少年安全"的话题，贴近学生生活，让学生在学习过程中也感受"生命意识"的珍贵和社会责任感。

Step 2：Definition of V-ing——探究问题

听原文录音并填空。学生很快观察到文中填空部分为动词现在分词做定语，而且需要填的都是动词现在分词表事物功能做前置定语，于是引入 V-ing 这一语法现象，并由学生概括使用 V-ing 的各种情况。

Step 3：Patterns of V-ing in Senior School——探究问题

在学生对于这起案件有大致了解之后，提供学生更多案件信息：警方已经锁定三个嫌疑人，对这三个嫌疑人的描述如下：

1. An old woman：a retired water ballet player. Someone found that she argued with the girl Lily on very afternoon.

2. A young lady：famous dancer. Some witnesses（目击者）said she watched the girl Lily secretly.

3. A young man：without job. People said he followed the missing girl for a long time.

此时，教师请学生分组，根据所给信息，判断哪一个嫌疑犯是真正的绑架者，同时要求学生陈述观点时须使用 V-ing 描述罪犯，这一要求就使得学生在陈述过程中频繁使用到 V-ing 做前置、后置定语和状语，这为"构建知识"环节做好了知识铺垫。

Step 4：V-ing and Attributive Clause——启发思维

学生在陈述过程中可能运用到定语从句，教师以此引入定语从句和动词现在分词的互换问题，并将学生陈述的定语从句列在黑板上，与转换后的含有 V-ing 短语的句子进行观察和比较。如：

1. A.We consider the old woman who was arguing with the girl Lily on the very afternoon is the criminal.（学生）

B. We consider the old woman arguing with the girl Lily on the very afternoon is the criminal.（教师）

2. A. We think that the young man who followed the missing girl for a long time is the one.（学生）

B. We think that the young man following the missing girl for a long time is the one.（教师）

Step 5：Students'Note time——开发思维

教师给出学生做笔记的时间，使其能够有时间去记忆和消化所学知识，以开发其思维。

Step 6：Practice——建构知识

教师公布真正的"罪犯"，并将其自述书展示给学生，但文中有语法错误，要求学生快速阅读自述书，找出错误并订正。原文如下：

We met on the internet and "got married" in a fake community（虚拟社区）.Last week, I suggested to have an appointment face to face. But when I stood in front of her, she cried she can't imagine got married to a person like me through internet.

I got angry at her behavior. She expressed she looked forward to being seen me without consideration . She is so innocent that she dreamed of lived in a perfect world. So I taught her a lesson.

改错的设计使得学生及时复习本节课内容，并有效回顾了 V-ing 做宾语的语法现象。

Step 7：Summary and More difficult（time permitting）——延伸拓展

教师要求学生以"侦探"的口气对该案件做总结，总结的句子不仅运用到 V-ing 做定语，还有做状语、宾语和表语的情况。教师首先给出示范，要求学生模仿造句。如：

1. A. Because she is a teenager, she is too romantic to know the reality.

B. Being a teenager, she is too romantic to know the reality.

2. A. The crime made use of this and  she kidnapped her.

B. Making use of this, the crime kidnapped her.

这也是功能语法运用题，有利于学生进一步内化所学语法知识，形成自主学习与探究的能力。当学生完成这个任务时，他们的知识和能力已经在原有的基础上有了较大的提高。这是一种全身心参与的自主探究，是师生合作、生生合作的教学方式。它让学生在活动中自主构建知识，锻炼能力，强化主体意识，激发学生学习英语的兴趣和热情。

## 五、结论

在情境式六步教学法的各个环节中，学生通过听"新闻"填词、讨论猜测、陈述意见、看文章找错和模仿原文写句子这五种形式，复习了 V-ing 做定语、宾语和状语的三种用法，巩固了听说读写的基本技巧，实现了多元化语言学习。情境式教学课堂突出了学生的主体地位，注重学生自主学习、自悟学习、自得学习，让学生在各种活动中真正动起来，学生在情景中探究，保持了学习的积极性和主动性；同时，这样的教学方法也改变了"作秀式"热闹，它得以使学生在语言能力、学习能力、思维品质和文化意识方面得到深度发展，是提高高中英语语法教学实效性的有效途径。

# 7. 高中物理分层作业实践方法设计

崔焕焕

【摘要】高中物理新课标提倡多样化的教学方式，以提高学生的自主学习能力和科学探究能力。课后作业作为教学的重要组成部分可以更快地实现因材施教、多样化教学。在实际教学过程中，"一刀切"的作业模式也早已和学生不同的学习程度和学习能力相匹配了。本文针对学习差异的客观实际，设计层次化的作业形式，力求让每个学生都能在物理作业中体会到成功，从而进一步的提高物理学习积极性和学习能力。

【关键词】高中物理；分层作业；评价方法。

## 一、高中物理分层作业产生背景

高中教师在物理教学过程中普遍会遇到这样的问题：一起学习的学生在学习过程中逐渐出现学习效果参差不齐甚至相差甚远的现象。这个现象的出现不难理解，个体的认知能力本身就存在差异，何况是对物理这一逻辑性、计算性都非常强的学科。可目前教学模式仍然是照顾大部分学生，作业也是统一布置。所有学生做的是同样的练习题。这样一来，较难的作业，适合程度好的学生，但是会使程度差的学生由于作业难，完成困难逐渐对物理失去兴趣；反之，简单的作业，虽然适合程度差点的学生，但是不利于优等生知识的提高。

随着新课程改革的推进，中学课程的教育理念不断变革，教育模式也不断更新，教学方法和教学手段趋于多样化。新课改提出"改变课程过于注重知识传授的倾向，强调形成积极主动的学习态度，使获得基础知识与基本技能的过程同时成为学会学习和形成正确价值观的过程；改变课程实施过于强调接受学习、死记硬背、机械训练的现状，倡导学生主动参与、乐于探究、勤于动手，培养学生搜集和处理信息的能力、获取新知识能力、分析和解决问题能力以及交流与合作能力。改变课程评价过分强调甄别与选拔的功能，发挥评价促进学生发展、教师提高和改进教学实践的功能。"要深入推进课程改革，就要不仅仅着眼于改变课堂教学模式，还应该关注课后学生的学习过程。

课后作业是学生课后自主学习的一个重要环节，是高中教学的强化和延伸，是加深教学内容的理解、培养解题能力、开发智力的重要途径和手段，其重要性不言而喻。由于学科特征，物理作业在难易度上往往高于其他学科，相对更加容易使学生望而生畏。有效地布置作业对于提高物理教学效果就有着至关重要的作用。如果这一环节使用得当，学生学习物理课程的主观能动性和积极性将被极大地调动起来，学生分析解决问题的能力和主动探索物理知识的能力也将大大提高。因此，针对本文开始提出的问题，可以设想结合学生的个体差异等方面尝试改变作业的形式、内容，即以分层作业的形式帮助不同层次的学生有效地完成作业，达到良好的课后巩固的效果。目前关于分层作业的课堂研究有很多，理论研究已经相当成熟。可是如何根据学科特点、针对学生个体性具体实施的相关文献则很少，对分层作业的可操作性的讨论也很少。本文就目前比较普遍使用的分层作业模式进行本土化设计，以期找出适合本校学生作业模式，兼顾到学生学习能力差异、个体差异，从而激发本校学生对物理课程的学习兴趣，调动对物理课程学习的积极性。

## 二、高中物理作业分层实施方法设计

### （一）高中物理分层作业设计原则

第一要体现分层的原则，主要指作业难度的分层。教育家布卢姆的掌握学习理论指出"只要在提供恰当的材料和进行教学的同时给每个学生提供适度的帮助和充分的时间，几乎所有的学生都能完成学习任务或达到规定的学习目标。"维果茨基的"最近发展区"理论认为：每个学生都存在着两种发展水平，一是现有水平，二是潜在水平，它们之间的区域被称为"最近发展区"。教学只有从这两种水平的个体差异出发，把尽量多的最近发展区转化为现有发展水平，并不断创造出更高水平的最近发展区，才能促进学生的发展。我国古代思想家、教育家孔子主张"因材施教"；这些都是分层作业的理论依据。在作业的选择上保持一定的梯度，由易到难，照顾到学生个体能力的差异，使不同水平的学生都能得到相应的提高和成功体验，学生对物理课程的学习兴趣自然会越来越浓厚。

第二要有体现针对性和趣味性的原则。作业的布置要做到学习目标明确，学习重难点突出，内容应该富有趣味性，问题的背景及情境应是学生熟悉的，而且生动活泼可以有效激发学生的作业兴趣，满足求解问题的心理需求。

第三要体现合作性的原则，使学生在作业中学会协同合作，培养良好的学习习惯。利用不同的作业形式，如小组分工，网络合作等形式，使学生在作业过程中逐步培养自主学习和合作学习的能力。

第四要体现探究性的原则。新课程注重对学生探究能力的培养，因此课外探究作业是物理作业中必不可少的一种类型。目前中学物理作业基本上是为了使学生了解和掌握物理概念、规律而设计的，学生的学习多以死记硬背代，套公式为主。为了改变这种状况，物理作业应该适当融入探究性问题，使学生积极思考，主动学习。

### （二）高中物理分层作业实施方法设计

按照学生的学习基础和学习态度再结合学生的意愿，将学生分为 A，B，C 三大梯队，每队设队长，负责首发各梯队作业；课代表为大队长，统筹各梯队的学习安排以及协调队员和老师的问题反馈。A 梯队学生为基础型学生，只完成基础型作业；B 梯队学生为潜力型学生，有一定的物理基础和理解能力，学习积极性较高，需要完成基础作业和提高作业；C 梯队学生基础知识扎实，自学能力强，有较强的分析问题和解决问题的能力，除了完成基础作业和提高作业以外，还要完成拓展作业。其中拓展作业对于 A、B 两个梯队的学生为选作题。教师讲解习题的时候只讲基础作业和提高作业，拓展作业作为研究性学习问题进行小组交流讨论题目，可每周固定一个时间集中讨论并分享讨论结果。

## 三、高中物理分层作业批改和评价方法

高中物理课程标准在课程评价上强调更新观念，促进学生发展。课程标准

提出："高中物理课程应体现评价的内在激励功能和诊断功能，关注过程性评价，注意学生的个体差异，帮助学生认识自我、建立自信，促进学生在原有水平上发展。通过评价还应促进教师的提高以及教学实践的改进等。"基于新课标的要求，结合分层作业的特点，对于学生作业应该分层次批改、评价，及时反馈，定量评价和定性评价相结合。激励性的评价可以充分调动学生对作业的积极性。

作业批改可以多样化，让学生参与进来：可采用队员互批互改，老师负责总结性的个人评语；习题课讲解时可以学生自愿负责基础作业讲解部分，老师只讲提高作业即可。还可以开设物理作业 QQ 讨论群，利用课余时间群言群策讨论拓展作业，A、B 和 C 梯队的学生还可以交流疑难问题。

作业的评价则加权平衡学生作业完成情况、互改作业认真程度、习题讲解活跃度以及 QQ 讨论热情值等给出学生的物理课程平时成绩。最终对学生的评价以基础分 80 分，加权各项考核给出最终成绩。对表现好、进步大的学生给予奖励，对表现不理想、落后的学生给出相应的学习指导。以激励为主，鞭策为辅，增加学生学习物理的积极性，营造一种积极向上的学习氛围。

# 8. 巧用 DIS 系统验证牛顿第二定律

吕友谊

【摘要】在传统验证牛顿第二定律实验的过程中，出现加速度测定步骤烦琐、平衡摩擦力过于复杂以及合外力不准等系统误差。本文利用 DIS 系统对该实验进行了全面改进，加速度大小通过采用分体式位移传感器快速采集位移数据的方式获得，同时利用动滑轮和传感器组合装置消除系统误差，从而达到快速、高效验证牛顿第二定律的实验目的。

【关键词】牛顿第二定律；DIS 实验；平衡摩擦力。

牛顿第二定律在高中物理教学中具有十分重要的地位，也是中学物理必做的物理实验，可以用气垫导轨、光电门或者打点计时器来验证。在高中阶段是用打点计时器打出的纸带来测量加速度，实验耗时过长，实验结果不够准确。另外，此实验也存在系统误差，要求砝码和小盘总质量远小于小车的质量，两者的重力才能近似代替小车受到的拉力（实际小于总重力）。以上各因素都会导致学生对牛顿第二定律的正确认识和理解出现偏差。

随着数字实验室（DIS）的广泛推广和运用，本文巧用位移传感器实现加速度的快速测量，利用数据采集器、力传感器、计算机等 DIS 实验专用软件验证加速度与力和质量二者的关系，突破传统实验的许多瓶颈，以达到实验数据精确的目的。

## 一、实验装置和设计方案

DIS 实验有分体式位移传感器、数据采集器、数据显示模块、力传感器和系统专用软件，将位移传感器"发射端"固定在小车上，其"接收端"固定在导轨最左端，因而位移传感器直接测量"发射端"和"接收端"之间的距离与时间的变化关系，得到小车的 $v\text{-}t$ 图像，然后选取图像直线部分得到加速度。力传感器接上数据显示模块直接显示合外力，改变砝码质量获得不同的数据，实验测量快速、精确。实验装置图如图 1 所示：

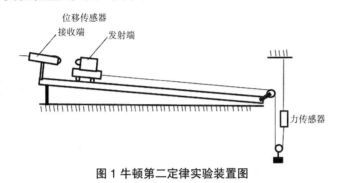

图 1 牛顿第二定律实验装置图

## 二、DIS 验证牛顿第二定律实验步骤和结果分析

实验 1：验证加速度随合外力变化关系

（1）根据图 1 实验装置完成 DIS 系统实验连接。将小车放在斜面上，然后轻推并释放小车，观察"从 $v\text{-}t$ 求加速度"的图像，测量加速度，调整斜面倾角，重复释放小车，此时重力沿斜面分力恰好等于摩擦力，小车做匀速直线运动，平衡摩擦力后如图 2 速度 – 时间（$v\text{-}t$）图像是一条水平直线：

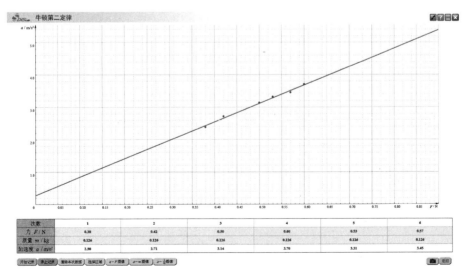

| 次数 | 1 | 2 | 3 | 4 | 5 | 6 |
|---|---|---|---|---|---|---|
| 力 $F/\text{N}$ | 0.38 | 0.42 | 0.50 | 0.60 | 0.53 | 0.57 |
| 质量 $m/\text{kg}$ | 0.126 | 0.126 | 0.126 | 0.126 | 0.126 | 0.126 |
| 加速度 $a/\text{m/s}^2$ | 2.90 | 2.71 | 3.14 | 3.70 | 3.31 | 3.45 |

图 2　$a\text{-}F$ 图像：加速度与合外力成正比

（2）在小车挂上牵引吊桶，并放入砝码，保持小车质量不变，通过增减砝码改变吊桶的砝码质量，重复步骤，随合外力大小，得到多组数据，释放小车，记录加速度数据如表1和 a–F 实验图3所示。

表1　保持小车质量一定，加速度随合外力变化的实验数据

| 力 F/N | 0.32 | 0.50 | 0.64 | 0.75 | 0.22 | 0.42 |
|---|---|---|---|---|---|---|
| 质量 /kg | 0.126 | 0.126 | 0.126 | 0.126 | 0.126 | 0.126 |
| 加速度 m/s² | 2.49 | 3.82 | 4.64 | 5.27 | 1.66 | 3.16 |

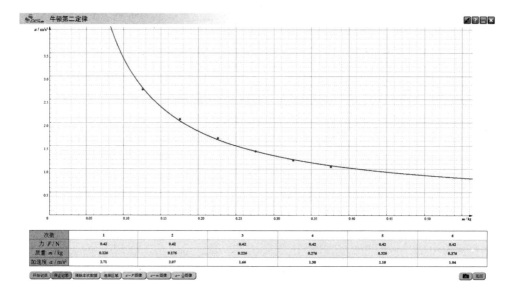

图3　a–M 图像：加速度与质量成反比

从图3可以得到，实验存在误差，导致直线不过原点，当质量一定时，在误差允许的范围内，加速度与合外力成正比。

**实验2：验证加速度随质量变化关系**

（1）保持吊桶内砝码质量不变，通过增减配重片，改变小车和配重片的总质量，释放小车，重复实验，获得多组数据，得到加速度数值，根据表2相关数据得到"a–M 图像"和"a–1/M 图像"。

表2　保持合外力一定，加速度随质量变化的实验数据

| 力 F/N | 0.42 | 0.42 | 0.42 | 0.42 | 0.42 | 0.42 |
|---|---|---|---|---|---|---|
| 质量 /kg | 0.126 | 0.176 | 0.226 | 0.276 | 0.326 | 0.376 |
| 加速度 m/s² | 2.71 | 2.07 | 1.66 | 1.38 | 1.18 | 1.04 |

（2）处理实验数据，得出"*a*–*M* 图像"和"*a*–1/*M* 图像"如图 4 所示。

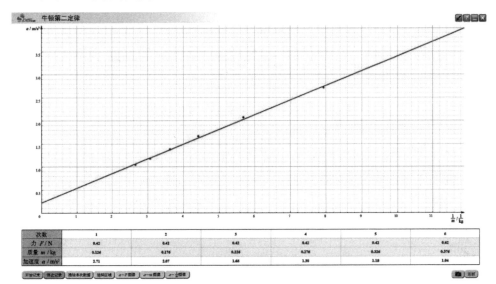

**图 4　*a*–1/*M* 图像：加速度与质量倒数成正比**

由图 4 可以得到，当合外力不变时，加速度与质量成反比。

## 三、结论

通过利用 DIS 实验中的位移传感器和力传感器使实验变得更加简单、操作方便，利用电脑端专用软件能够快速获得加速度数值，且精确描绘出相关图像，突破了传统验证牛顿第二定律实验教学的瓶颈和难点。

# 9. 例谈研读教材在教学中的重要性

叶 飞

**【摘要】**教师通过研读教材，分析教材的整体结构和特点，明确教学目标和策略，设计自主探究学习的教学方案；挖掘教材的图表及文字材料信息，提高学生图表数据的解读能力，拓展生物学知识和思维能力。研读教材才能更好地把握教材，创造性地使用好教材，提高课堂教学质量。

**【关键词】**研读教材；自主探究学习；图表分析；拓展思维。

教材是一个课程的核心教学材料，是教师向学生系统传授知识、进行教学活动的主要载体。《新课标》中指出："教师应创造性地理解和使用教材，要用教材教而不是教教材。"这就要求我们深入研究教材，读懂教材，明确要"教什么"。根据《新课标》的要求，结合学生的实际情况，对教材进行"二次开发"，抓住教材的基本内容，梳理知识的结构逻辑，设计课堂的教学方案，明确该"怎么教"。最终达到把教材读"厚"，把教材教"薄"，提高课堂教学的效率。本文以人教版高中生物必修 I 第 4 章第 3 节《物质跨膜运输的方式》为例，浅谈研读教材在高中生物教学中的重要性。

## 一、研读教材，分析教材的整体结构和特点，明确教学目标和策略

通过前面的学习，学生知道了细胞是一个开放的系统，不断地与外界进行着物质交换；细胞膜作为系统的边界，能控制物质进出细胞，是选择透过性膜；细胞膜的主要成分是磷脂和蛋白质，并具有一定流动性。但教材 64 页"这种膜可以让水分子自由通过，一些离子和小分子也可以通过，而其他的离子、小分子和大分子则不能通过"这段话给学生留下疑问：哪些离子和小分子可以通过，怎么

通过？哪些又不能通过？为什么？大分子（如分泌蛋白）又是怎样进出细胞的呢？前面已经为这节课埋下了伏笔，这节课就是带着这些疑问，继续探究细胞膜控制物质进出细胞的方式及特点。

根据本节课的教材特点，教师可以采用"探究式教学方法"，指导学生自主探究学习、小组合作学习。在教学过程中注意培养学生自主学习能力，阅读教材、分析归纳能力；提高学生对图表数据的解读能力，探索使用图表描述生理活动的方法；结合直观的动画演示，增强学生对跨膜运输的感性认识；还要注意与生活实际相联系，让学生理解研究物质跨膜运输的意义。

## 二、研读教材，抓住教材的主干知识，设计自主探究学习的教学方案

读懂教材的编排意图和内在的逻辑线索，抓住教材中的基本概念、原理、过程、方法等主干知识，理清知识脉络，明确知识点的呈现次序及方式，结合教材丰富的图表及文字材料信息，科学设计适合自主探究学习的教学方案。

（一）利用教材 70 页的"问题探讨"，创设物质跨膜运输的问题情景，激发学生学习兴趣，培养学生观察图表、分析问题、提出问题的能力。

探究"人工的无蛋白质的脂双层膜对不同分子的通透性"，大家可以看出：脂双层膜对不同分子的通透性不同，水分子、气体分子、脂溶性物质可以自由地通过脂双层，而葡萄糖、氨基酸、核苷酸、离子等不能直接通过脂双层。讨论可知，小肠绒毛上皮细胞之所以能大量吸收葡萄糖，应该与细胞膜上的蛋白质有一定关系。进一步提出，不同物质跨膜运输的方式不同，究竟有哪几种运输方式？有什么特点？需要什么条件？带着这些疑问导入新课的学习。

（二）结合教材的"本节聚焦""思考与讨论"中的问题，科学设计学习任务，引导学生阅读教材 70 ~ 72 页，讨论并完成下列问题。

（1）物质进出细胞有哪些运输方式？

（2）比较自由扩散、协助扩散和主动运输三者的区别和联系是什么？

（3）被动运输的优点和不足是什么？

（4）主动运输对细胞生活有什么意义？

（5）大分子物质进出细胞的方式和原理是什么？需要载体和能量吗？

（三）教师归纳总结被动运输、主动运输、自由扩散、协助扩散、胞吞胞吐等基本概念、过程、原理等，梳理知识点，形成教材的主干知识脉络。

## 三、研读教材，挖掘教材的图表信息，提高学生图表数据的解读能力

通过"实物照片""示意图""模式图""图表曲线"等多种形式的插图，将抽象复杂的知识直观化、简约化，有利于开阔学生的视野，激发学生的兴趣。同时，教师也可以利用教材插图，指导学生观察、分析图表信息，培养学生获取信息、处理信息的能力，养成理性思维的习惯。根据教材图 4-7 自由扩散和协助扩散示意图、图 4-8 主动运输示意图可以解读出三种跨膜运输的方向、条件，影响跨膜运输的因素及关系曲线，还隐含了主动运输时载体蛋白不仅有运输功能，还能催化 ATP 的水解等信息。

### （一）影响跨膜运输的因素分析

自由扩散的动力、方向、速率取决于细胞膜内外物质的浓度差、物质分子大小和脂溶性强弱，与细胞膜上载体和能量无关；协助扩散的动力、方向、速率也取决于细胞膜内外物质的浓度差，但当两侧浓度差达到一定时，由于受到细胞膜上载体的限制，运输速率不再随浓度增加而增大，协助扩散不消耗能量；主动运输是在逆浓度梯度时发生的，取决于细胞膜上载体蛋白的种类、数量以及能量供应，满足细胞生命活动的需求。

### （二）影响物质运输速率的曲线分析

1. 物质浓度（在一定范围内）对运输速率的影响曲线

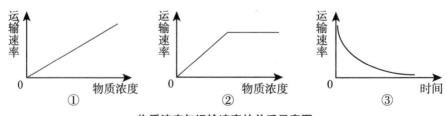

物质浓度与运输速率的关系示意图

①表示自由扩散的运输速率随物质浓度增大而增大。②表示协助扩散或主动运输的速率与物质浓度的关系，两者都需要载体协助，当物质浓度达到一定时，受膜上载体的限制，运输速率不再随物质浓度增大而增大。③可表示自由扩散的

运输速率与发生时间的关系，随自由扩散的进行，两侧浓度差逐渐缩小，运输速率也会下降。

2. 氧气浓度对运输速率的影响曲线

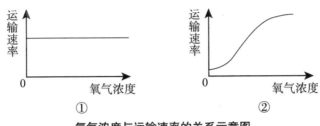

**氧气浓度与运输速率的关系示意图**

①表示自由扩散和协助扩散，两者统称为被动运输，其运输的动力都是细胞膜两侧的浓度差，不需要消耗能量，因此与氧气浓度无关，运输速率不随氧气浓度增大而改变。②表示主动运输在氧气浓度为零时，只能通过无氧呼吸供能，运输速率较低；随氧气浓度升高，有氧呼吸增强，能量供应增多，运输速率加快；当氧气浓度达到一定时，能量供应充足，由于受到载体的限制，运输速率不再随氧气浓度增大而加快。

## 四、研读教材，注重教材的阅读和习题，拓展生物学知识和思维能力

教材中的"资料分析""技能训练""科学前沿""与生产、生活、社会的联系""练习""自我检测"等材料和习题是对教材主干知识的扩展延伸和补充，通过研读分析，拓展学生的知识储备，促进学生对资料背景中核心概念的认知，在教学中要引起教师的重视。

教材 73 页拓展题"低温环境会影响物质的跨膜运输吗？为什么？"分析认为，会影响，因为温度会影响生物膜的流动性、通透性，也影响细胞膜上载体蛋白和呼吸酶的活性，进而影响物质跨膜运输速率，两者关系如右图所示。

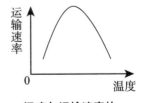

**温度与运输速率的关系示意图**

教材 76 页思维拓展"在顺浓度梯度的情况下，葡萄糖、氨基酸等分子可以通过协助扩散进入细胞，当细胞外葡萄糖或氨基酸的浓度低于细胞内时，细胞还能吸收这些营养物质吗？"分析认为，在顺浓度梯度时细胞通过协助扩散吸收葡

萄糖、氨基酸等分子，在逆浓度梯度时细胞通过主动运输吸收葡萄糖、氨基酸等分子，这种机制的形成既满足细胞对营养物质的需要，又为细胞节约了能量。

总之，教学中我们要认真研读教材，感悟教材，领会教材，才能更好地把握教材，创造性地使用好教材。研读教材对青年教师的专业成长，高三学生的备考复习，提高课堂教学质量都非常重要。

# 10. 中学化学实验中实施绿色化学理念教学的理论与原则

张　嘉

【摘要】绿色化学理念实验教学是面向未来提出的化学教学新概念，是新世纪化学教学发展的方向。在中学化学实验教学中渗透绿色化学理念，其理论与原则是实施过程中的灵魂。符合中学化学教学大纲的实际情况，更加符合当代中学化学实验教学的学情。

【关键词】绿色化学；绿色化学理念教学。

## 一、中学化学实验教学中实施绿色化学理念教学的必要性

绿色化学（green chemistry）又称环境无害化学（environmental benign chemistry），在其基础上发展的技术称环境友好技术（environmental friendly technology）或洁净技术（clean technology）。

绿色化学理念教学是将可持续环保等绿色化学相关内容进行扩展，是在环保教学的基础上深化和丰富的理念教学。绿色化学理念教学涉及的范围不仅局限环境，可以触及人类的衣食住行、工业生产、科技创新等诸多领域，让学生在绿色化学理念教学策略的实施下对"绿色"的概念更加清晰而具体，以提升可持续发展的环保公民意识，同时带动学生学习化学的积极主动性，深化化学学科核心素养。

在新一轮的高中课程改革中，绿色化学理念教学得到了空前的重视。《高中化学新课程标准》的编排中有关可持续发展思想、环保理念等相关绿色化学理念

得到了充分体现。《高中化学新课程标准》在"课程性质"中指出："高中化学课程应该有助于学生主动构建自身发展所需的知识体系……培养可持续发展的环保思想。"在"设计思路"上提道："在内容选择上，力求反映现代化学研究的成果与发展趋势，积极关注 21 世纪与化学相关的社会热点问题，帮助学生培养并树立可持续发展理念。"在"课程结构"上，必修模块设置了"化学与可持续发展"专题，并明确指出："在化工生产中遵循'绿色化学'思想的重要性。"选修模块专门设置了选修 I《化学与生活》、选修 II《实验化学》两个课程模块。通过《化学与生活》模块的学习，教材侧重贴近生活的绿色食品、绿色材料等环保等方面的知识点，学生可以在认识和了解绿色生活的同时掌握健康的饮食习惯、绿色的出行模式从而培养绿色的生活态度，认识绿色化学发展史对提高学生生活质量的重要作用，而其理念教学可以培养可持续发展的思想，可以提高学科综合素养，让学生更具有社会担当，这也是化学学科核心素养中提到的学科价值的体现。人教版中关于《实验化学》模块中介绍现代化学实验技术、绿色化学等基本思想，教材大纲中指出要特别注重学生环保意识的培养。通过该模块的学习，学生可以在绿色化学实验改进、实验安全意识等方面得到发展。

《高中化学新课程标准》中反复提到，中学生实施绿色化学教育的重要性和紧迫性，然而经调查发现目前中学生的绿色化学观念非常淡薄，甚至不少人认为保护环境是化学家的事情，与自己无关。同时，受应试教育的影响，各个省市的高中化学教学内容主要侧重化学必修 I、必修 II、选修 III、选修 IV 和选修 V 的教学，忽略选修 I、选修 II 两本最为贴近绿色化学相关内容的教材讲授，这种教学策略对中学绿色化学理念教学十分不利。基于上述背景，提出中学教学中绿色化学理念教学的研究十分必要，那么，绿色化学理念教学中蕴含哪些理论基础与教学原则呢？有了理论基础作为前提可以让我们在实施教学策略时更有理论依据、更加高效。

## 二、中学化学实验教学中实施绿色化学理念教学的理论基础

### （一）STSE 教育理论

STSE 教育始于 19 世纪 60 年代的"科学为大众"理科教育理念，它涉及科学、

技术、社会、环境等多层面，其内容广泛，强调的是科学、技术与社会的关系以及它们在社会生产、生活中的应用。

STSE 教育是以突出科学、技术、社会和环境的相互关系与科学技术在社会生产、生活与环境中的应用为指导思想而组织实施的科学教育。化学学科的特点以及绿色化学理念教学的教学目标决定了在中学化学实验教学中渗透 STSE 教育，培养学生关心社会与身边的环保意识、绿色化学理念以及用正确的绿色化学价值观处理社会问题的能力，充分体现了绿色化学理念教学和素质教育的共同宗旨，使中学化学实验教学发挥其最大效果。

（二）建构主义理论

建构主义认知理论认为当学生通过亲自动手操作体验而自主建构的知识体系或者是亲身参与到社会实践活动与小组实验课题研究团队中时，通过教师引导绿色化学理念而创造性改进与完善化学实验，在其体验过程中所培养的能力更具教育的意义，也更加具有人才培养的价值。课程与教育本来就是历史性的体验和反思的智慧结晶，因此其本源就要让学生"要我学"变成"我要学"，让学生自主地从实践中建构，绿色化学理念教学也不例外。

建构主义学习理论指出，知识不是通过教师传授得到的，而是通过学习者在一定的情景即社会文化背景中，在其他人帮助下，利用必要的学习资料，以意义建构的方式来获得。建构主义注重在实际情境中进行教学，而绿色化学理念教学就是通过"绿色"的思想去尝试处理最贴近我们日常生活的化学问题。换句话说，前者是在提倡贴近生活地去学，后者提倡绿色化地去处理问题。

（三）多元智能理论

哈佛大学发展心理学家加德纳提出了"多元智能理论"。多元智能理论给绿色化学教学理念提供了新模式，教学途径多样化，教学策略针对性提升，教学模式从实验课堂拓展到课前小组合作，再到实验课堂上教师引导，最后到课后的自我建构与课外小实验实践相结合，教学范围得到高效拓展，让学生自身被忽视的潜能得到发掘，小组合作模式更好地发挥了每一位学生的优势，使未发展或关闭的智能得以激发，使发展的智能得以更进一步完善。

教师在绿色化学理念的实验教学实践中通过多元化的课堂教学方式，引导每个学生发现问题、完善问题并鼓励学生，提高学生的自信心，例如在化学实验教学中，通过对实验进行绿色化改装技能的训练，促进学生对于绿色化学理念的认知加深。教师还可以通过多样的教学途径开展绿色化学理念教学，例如绿色主题班会、绿色校本课程、废旧物品小制作展览等多种课外活动，来满足不同学生的学习特点，使之更好地达到绿色化学理念教学的目标。多元智能理论为中学绿色化学理念教学提供了坚实的理论基础。

## 三、中学化学中实施绿色化学理念教学的有效原则

### （一）绿色化学的原则

安娜塔斯和爱默尔提出了绿色化学十二原则：（1）最好是防止废弃物的产生而不是产生后再来处理。（2）合成方法应设计成能将所有的起始物质转至最终产物中。（3）只要可能，反应中使用和生成的物质应对人类健康和环境等方面无毒或毒害较小。（4）设计化工产品时，必须使其具有高效的功能，同时也要减少其毒性。（5）应尽量不使用辅助性物质（溶剂、助剂），如一定要用，也应使用无毒物质的。（6）能量消耗越小越好，应能为环境和经济方面的考虑所接受。（7）只要技术上和经济上可行，使用的原料应是能再生的。（8）应尽量避免不必要的衍生过程。（9）尽量使用选择性高的绿色催化剂，而不是单纯靠提高反应物的配料比。（10）设计化学合成产品时，应考虑当该物质完成自己的功能后，副产物可降解为无毒的产物。（11）分析方法也需要进一步研究开发，使其能做到实时、现场控制，以防有害物质的形成。（12）化学反应过程中使用的物质或物质的形态，应考虑尽量减少实验事故的潜在危险，如气体的释放、爆炸和着火等。如今这十二原则已为国际化学界所公认，其反映了近年来绿色化学领域所开展的多方面工作的内容，同时也指明了未来发展绿色化学的研究方向。绿色化学最大的特点是从源头上防止污染的产生，而不是产生污染后再去治理，即它不是对终端或过程污染进行控制和处理，而是在源头采用实现污染预防和科学手段以实现过程与终端的零排放或零污染。

目前绿色化学十二原则广泛应用于生活、生产等各个方面，如绿色食品、绿色农药、绿色纤维、绿色居家、绿色交通、绿色高分子材料等，这些都与我们社

会生活息息相关，与环保事业密不可分。因此，绿色化学教育的重要性也就凸显出来，而中学生的绿色化学理念实验教学就是其中的重要环节，在实验教学过程中遵循十二原则，并将其融入课堂教学、实验教学等教学途径中，使得绿色化学理念更好地渗透到中学化学教学中。

（二）过程性原则

绿色化学是在大量具体实践实例基础上经过总结概括形成发展而来的。中学绿色化学理念实验教学注重结论得出的过程，主张由问题的实际背景出发，将绿色化学的理念贯穿于寻找论证解决问题的实验探究过程中。一方面可以让学生知道前人是如何创造的，另一方面又有利于学生树立一种发展的观点，认识到人类的认识发展是无限的，进而从根本上激发学生创造的动机、热情和信心。这就是绿色化学创造性实验教学过程中的过程性原则，与传统的以结论为主的教学有着质的区别。

（三）相对性原则

绿色化学的思想和内容的源头是在传统化学的基础上孕育而生的。绿色化学理念教学要求教会学生对事物的辩证认知，创造性地改革创新，从而引导学生从环保的角度思考问题，在实验教学过程中出现的知识缺陷和不足，使学生在头脑中产生疑问去独立思考，这样有利于学生认识现有知识的相对性，不再把从学校中接收的东西看成是绝对的、完美的和不可超越的，持有严谨的科学态度，并具有探索未知、崇尚真理的思想意识，也是化学学科素养中的科学探究与创新意识的体现，此为绿色化学创造性教学的相对性原则。

（四）多元性原则

绿色化学的发展受到认识规律的支配，其概念或原理往往反映问题事实的客观面。因此，从不同角度看待问题，只要是符合客观事实规律的就是正确的认知。培养学生从宏观与微观去探析、从变化与平衡去辨识，鼓励学生积极地提出，多角度、多维度地总结归纳，培养发散性思维，让学生多元性地分析与比较，进而在思维上真正具备发散性与灵活性，此为中学绿色化学理念实验教学多元性原则。

（五）前沿性原则

绿色化学理念实验教学所涉及的内容具有学科交叉性，让学生知道并主动去了解化学前沿问题，知道化学对社会发展的重大贡献，就需要老师们在教学中反映学科的前沿性（即前沿性原则）。在绿色化学理念实验教学中，教师需要具有前沿意识与学科底蕴，并能够恰当地引入一些前沿性的知识或者是当前化学学科领域未能解决和突破的问题，越是与社会息息相关的，越是与生活密不可分的绿色化学理念，就越具有调动与促进学生创造力发展的价值，就会越有助于引导学生们大胆地探索未来的内在动机，越有助于学生们积累创造性探究与研究性课题，在生活与学习的点滴中埋下科学探究的种子。

（六）实践性原则

化学教学离不开实验，绿色化学理念就是从其中孕育而生的，所有理论都是科研工作者从实验中获得与推导的。为了让学生们能够亲身去体验、切身感受探索过程，可以鼓励学生们进行家庭实验或通过研究性小课题的形式进行创造性教学体验，一定会加深对课本教材中知识的理解与领会，在实践中培养学生的社会责任感，体验式教学会达到事半功倍的效果，这就是绿色化学理念教学中的实践性原则。

总之，中学化学实施绿色理念教学，教师只要充分融合以上教学理论与原则，就可以更好地把握教学目标，提高教学效率。在形式上不必局限于传统课堂教科书式的知识点授课，也可以从教学观念、课堂教学过程和实践环节等多方面做起，讲究教学策略相融合，学科交叉多元化，科技前沿与实践一体化等多种教学模式，使绿色化学理念教学成为培养综合性、有社会担当的高素质人才的有效教学途径。

# 11. 思想政治课美育策略

陈芸芸

【摘要】本文从思想政治课中渗透美学原则对提高思想政治课育人实效性的意义出发，探究高中思想政治课的美学策略中应当坚持的立场和方向。

【关键词】思想政治课；美育；策略。

习近平总书记在 2018 年全国教育大会上指出："要全面加强和改进学校美育，坚持以美育人、以文化人，提高学生审美和人文素养。"学校美育是通过各种美的事物和美的形态，让学生认识美、体验美、鉴赏美和创造美，从而具备美的情操、美的品格、美的素养、美的境界。美育等于艺术课是对学校美育的误解，各个学科都应该在其学科教学中渗透美学原则，努力发掘学科资源、学科活动中美的要素、美的结构。正如蔡元培先生说的："各门学科无不于智育作用之中，含有美育之元素。"与其他学科相比，思想政治课和美育更加相通、契合，他们都是对学生的内心世界、精神世界产生影响，因此思想政治教师更需要在教学中结合、渗透、补充美育，寓美于思想政治课也能更加直观显著地收获效果。

## 一、思想政治教学中渗透美学原则是思想政治教育的现实诉求

我们常说"亲其师，信其道"，流于形式、画知识点、空洞说教的教学手段和教学形式，难以唤起学生的情感共鸣，学生的认识也就会流于考试，遗忘于尘封的课本上。在课堂中渗透美育原则是思政教师发挥积极性、主动性、创造性，发挥美育的情感性、形象性、趣味性的优势，说理于情，明理于形，融理于乐，提高思想政治实效性和示范性的现实需求。

现在最新一届的高一学生普遍的出生年份已经是 2000 年以后，他们成长于

互联网快速发展、智能手机普及的信息时代，网页、微博、自媒体、直播等各类传播媒介中客观存在着格调低下、形式低俗的文艺作品，这些不良的文化环境，因大众传媒功能的强大，对学生的影响正呈现着愈加低龄化、深度化的趋势。在中学阶段，学生们正处于生理和心理由不成熟走向成熟的关键时期，他们是青春、热血、朝气、赤诚的，也是冲动、冒进、理想化、不成熟的，对善恶、美丑、好坏的判断能力不稳定，也容易被环境裹挟，一些中学生在这个多元文化相互交织和多种价值观相互冲突的时代，走向了人生观、价值观扭曲的状态，例如用低级趣味博眼球、踩道德底线、攀比、炫富、炫耀、未成年少女未婚生育、荒诞、畸趣等。互联网时代的国情和青少年生理、心理发展的客观规律也要求思想政治课贯彻美育原则。

思想政治课渗透美育原则是意义深远的，那么思想政治应当采用什么样的策略呢？我认为思想政治课的美育策略政治性要强，要有清醒的政治立场，为坚持马克思主义指导思想，贯彻中国特色社会主义思想，坚持社会主义办学方向，努力培养担当民族复兴大任的社会主义建设者和接班人服务。

## 二、展现民族美，激励、感染、打动学生

懂中国，才能爱中国，思想政治课既是政治知识教育，更是国家认同教育。高中思想政治课要展现民族美。追寻民族文化的美，让学生在思想政治课上了解和热爱中国优秀传统文化。弘扬民族精神的美，让学生在思想政治课上走近中华儿女波澜壮阔的逐梦历程，踏着炎黄子孙不舍昼夜的拼搏足迹，传承这个民族身上历经磨难的坚韧品质、锐意开拓的精神气质。彰显国家制度的美，让学生在思想政治课上了解改革开放和社会主义现代化建设实践创造的经济快速发展、社会长期稳定的奇迹，体会正是中国制度让中国在面临不确定性、不稳定性增加的国际环境时，仍然能够逆风飞翔。

今日之中国青年的成长伴随了国家告别落后和逐步强盛，国家各方面的发展在他们的身边真实可触，中国梦的实现，中华民族伟大复兴梦想的最终完成也变得可望可及。寰宇世界，他们对于中国道路、中国制度、中国模式更加自信，也对中国特色社会主义发展模式有着极旺盛的认知需求。个人的人生只有融入国

家和中华民族的伟大奋斗事业才能熠熠生辉，闪闪发光。思想政治课应当展现我们的民族美：我们民族的中华文化美、我们民族的民族精神美、我们民族所选择的中国制度美……讲中国故事，学生在赏中国的自然美中寄爱国情、在鉴中国的社会美中定强国志、在感中国人的心灵美中践报国行，教师用自己对国家、对社会、对人民的深情来激励学生、感染学生、打动学生。

例如，在授课"优秀的文化塑造人生"中，我组织学生开展了一项活动，借鉴中央电视台《经典咏流传》节目的形式，用流行歌曲把古诗文唱出来，和诗以歌，同学们以独唱、合唱、伴唱的形式演唱了《枉凝眉》《明月几时有》等歌曲，并赏析了诗歌的语言美、意境美、情怀美。学生在感受中国诗歌美的同时，感受了优秀的文化能够丰富人的精神世界、增强人的精神力量、促进人的全面发展，同时也加深了对中华优秀传统文化美的认同和理解。

在"人的认识从何处来"这一部分的教学中，以我国的探月工程为主线，教学过程分为三个环节，着重聚焦于我国探月科学家团队遇到困难时的事迹，学生产生强烈的情感激荡，为我国科学家身上所体现的中华民族精神之美，即创造之美、奋斗之美、团结之美、梦想之美所感动。升华感情、放飞梦想。由科学家们的航天梦想对我国探月工程的意义，迁移到学生们的理想信念对自己人生道路的作用，并发出倡议，鼓励同学们借助校内外青少年实践活动平台来提升自己，树立实践第一的观点。

## 三、凸显时代美，凝聚、引领、感召学生

思想政治课要凸显时代美，紧扣时代节点。教师选取时代中一个个美的生活场景、美的情感故事、美的价值追求，将当代我国改革开放和社会主义现代化建设所取得的成就，将现实生活中的实际案例融入到课堂中，把大道理融入到鲜活的小故事中，用小生活讲清大道理。这样为学生创造情境，让思想政治课能够响应时代的脉搏，充满美的生命力。老师也为学生思想的发展掌舵，成为学生家国情怀的感召人、学生创造性思维的启发人、学生健全人格的示范人、学生广阔视野的开拓人。"女排精神""战狼""春秋季的开学第一课"等都可成为我们坚守价值立场、凝聚情感认同、传递社会能量、引领时代新人、引发人生思考的重要

时事。

在授课"价值判断与价值选择"时，我选取了全国综合实力千强镇前100强的广州市新塘的事例，以习近平总书记"绿水青山就是金山银山"的两山理论为发展指导，关闭工业园内污染严重的牛仔裤生产企业，谋求产业转型升级，由臭气熏天的工商业重镇转型为国家湿地公园。课堂活动通过情景模拟呈现了整治规划中企业负责人、员工、附近居民的价值冲突，也通过辨析活动的开展和新塘镇产业升级的成功历程的呈现，展现了两山理论"点绿成金"的现实前景。经济发展中要站得高，看得远，不能只算经济账，还得算生态账，算综合账和长远账，学生深刻地体会了经济发展需面临的生态之困，也发自心底认同了生态之重，感悟了生态之美，高度认同了"绿水青山就是金山银山"的价值理念，明确了价值判断与价值选择的两条根本标准，高度认同了人民利益是一切的最高价值标准。

在"新时代的劳动者"框题中，我先给学生播放了一段剪辑的名为"深圳事，捕光逐影话过往"的视频，讴歌勤劳勇敢谋幸福的深圳人将小渔村打造为"中国硅谷"的壮举，赞美劳动者的伟大，学生体会了劳动就业的重要作用。再通过学生表演情景剧"工作的烦恼"，学生通过探究直面我国当前严峻的就业形势，了解了促进就业的国家举措和个人正确的就业观。

## 四、传递创造美，激发、鼓舞、提升学生

思想政治课要传递创造美，古往今来，创新是一个民族最深层的禀赋，创新才有未来，只有敢于创新才有发言权。有了创新，我们经济社会的发展才有动力，文化才能永葆生命力和活力。优秀传统的传承，博采众长的交流，都是为了创新，创新是创造自我、发展自我的要求。思想政治课关注当下中国创造创新的成就，搜集信息技术、新型能源、中国制造、生命科学、航空航天、海洋探索等各个领域中的创新事迹、创造精神，在思想政治课传递创造的美。

在"企业的经营"框题的教学中，我以华为公司事例导入，学生通过活动体验企业创立过程，小组展示说明，比较分析不同公司的特点。分析格力成功的经验得出公司经营成功的主要因素，强调树立创新意识、竞争意识、诚信意识、责任意识、风险意识等。对破产事件及三元并购的曲折过程分析，引导学生辩证看

待企业兼并与破产。创业小组内部的合作探究，为学生提供足够的选择空间和交流机会，使学生能够从各自的特长和关切点出发，主动分析问题、发现问题，进行创造性思维。小组内讨论、质疑和探究的过程，以及学生富有个性地发表自己的见解，培养了学生参与经济生活的实践能力。华为等成功企业的正面引导，树立了榜样的作用，学生体验到了民族自信，增强了国家观念，能够更好地在以后的经济生活中自觉践行。

# 12. 如何在思想政治课上落实 "八个统一",提升学生的政治认同

罗燕珊

**【摘要】**习近平总书记在学校思想政治理论课教师座谈会上提出,讲好新时代的思想政治课,必须做到"八个统一"。"八个统一"围绕立德树人的根本任务,明确、仔细地指明了思想政治课改革如何开展,给思想政治课教师课堂教学以根本遵循和方向性指导。

**【关键词】**"八个统一";政治认同;思想政治课。

习近平总书记在学校思想政治理论课教师座谈会上提出,讲好新时代的思想政治理论课,必须做到"八个统一",即坚持政治性和学理性相统一,坚持价值性和知识性相统一,坚持建设性和批判性相统一,坚持理论性和实践性相统一,坚持统一性和多样性相统一,坚持主导性和主体性相统一,坚持灌输性和启发性相统一,坚持显性教育和隐性教育相统一。"八个统一"围绕立德树人的根本任务,目的是提高学生的核心素养特别是政治认同,增强政治课的理论性、思想性、针对性和趣味性,是新时代思想政治课改革创新的根本遵循,给予思想政治课教师方向性的指导和根本性的意见。

## 一、坚持政治性和学理性相统一

思想政治课区别于其他学科的最突出特点是其鲜明的意识形态性,坚持政治性和学理性相统一反映了政治课的本质属性,是思想政治课的本质要求,思想政治课主要培养的是学生的思想政治素质和道德素质,这是人的素质的核心,而

这个核心素质的核心和关键便是政治认同。在政治课上坚持政治性和学理性相统一，有利于提升学生的政治认同。

以人教版必修二第六课《中国共产党领导的多党合作和政治协商制度》为例，在现实生活当中，很多学生都不太了解我国的政党制度，同时也不知道中国共产党的执政方式以及政党之间的关系，甚至有的学生还误以为我们国家是一党专政，有的学生从新闻媒体中看到极个别党员贪污腐败则以偏概全不肯定中国共产党的执政能力等。面对这样的学情，作为政治教师的我们应该首先坚定自己的政治立场，用透彻的学理分析回应学生，如中国共产党的发展过程、中国共产党的执政方式以及现状等，帮助学生在其所关切的现实特别是政治问题上找到正确的结论和答案。要以彻底的思想理论说服学生，帮助其树立正确的世界观、人生观和价值观，正确看待现实尤其是政治问题。

## 二、坚持价值性和知识性相统一

思想政治课是一门传授知识与触动心灵相结合的课程，是不断培养学生知识能力、辨别是非能力以及提升学生素质的课程，更是塑造学生正确的世界观、人生观、价值观的课程。作为高中政治教师，我们应该帮助学生在复杂的社会事件中分清真善美和假恶丑，做出正确的价值判断和价值选择。知识是载体，世界观、人生观和价值观是灵魂，思想政治课堂既不能成为只关注知识的满堂灌而忽视价值观的引导的课程，也不能成为离开知识的载体而变成空洞的价值观说教的课程，高中政治教师要在知识传授中注重挖掘其中向上向善的价值内涵，将价值观引导渗透于知识传授之中。这样的思想政治课，才能触动学生，让他们能够真正地参与其中，提升其公共参与能力和动力，提升其集体主义和爱国主义的价值取向与认同，最终在实践中转化为对政治行为的认同。

以人教版必修二第二课《我国公民的政治参与》为例，这一课一共有四部分内容：公民的民主选举、民主决策、民主管理和民主监督。作为高中政治教师，我们在课堂上要讲明白我国公民享有广泛的政治权利与自由，可参与民主选举、民主决策、民主管理和民主监督，从身边的生活中，我们可以了解有序参与政治生活的途径与方式，感悟公民有序政治参与的意义，用知识性推动其价值性的发展。在具体的教学实践中，学生明白了自己作为中国公民的政治性权利，了解怎么样才是有序的政治性参与，从而激发其主人翁意识，将知识性的知识转化成为认同性的观念，从而转化成为实践中的行为。如在《民主管理：共创幸福生活》这一课中，老师还引导同学们到自己所在的居委会中了解自己作为城市居民应享受的权利和应尽的义务，激发同学们对于我国政治制度的认同。

## 三、坚持建设性和批判性相统一

思想政治课要坚持正面宣传主流意识形态、在当今时代注重弘扬社会主义核心价值观、传播促进社会发展的正能量，这是思想政治课的建设性，这也是思想政治课应该遵循的基本方针。同时，政治课也要批判错误观点和思潮，引导学生正确看待现实问题，这是马克思主义哲学唯物辩证法的要求，也就是批判性。建设性注重正向引导，批判性注重聚焦问题、明辨是非。而建设性与批判性的对立统一共同推进学生批判性精神的养成、科学精神的养成，而最终在实践中批判问题、了解问题、解决问题的不断循环中加深政治认同。

以人教版必修一第九课《走进社会主义市场经济》为例，学生通过学习可以知道市场配置资源的手段有两种，一种是计划经济，一种是市场经济，通过用我国历史发展的具体实际说明我国为什么最终采取了具有中国特色的社会主义市场经济，让学生讨论分析，深入了解我国社会主义市场经济的优点和特征等。这是坚持了建设性的教学。但是在教学过程中必须坚持建设性和批判性的统一。在这节课上，学生还会就我们现在的社会主义市场经济存在的现实问题提出疑问：为什么我国有这么多"山寨产品"？社会主义市场经济是否真的好？我国的社会主义市场经济配置资源的手段为何引起了地区和行业差距？学生提出的这些问题确实是现实生活中存在的问题，我们是不可回避的，我们甚至更应该用"批判性的视角"来看待这些问题，深究这些问题。等我们共同聚焦这些问题、深究这些问题后，我们发现，实际上我们应该用矛盾的观点，一分为二地看待市场经济，从而让学生深入地明白，市场经济是有利有弊的，我们中国特色的社会主义市场经济更应该要以科学的宏观调控建立公平、公正的市场秩序，统一开放、竞争有序的现代市场体系，公平开放透明的市场规则来维护。在教学过程中坚持建设性与批判性相统一，推进学生对于知识的加深、价值的认同，从而将学术性观点转化成为政治性认同。

## 四、坚持理论性和实践性相统一

坚持理论性和实践性相统一实际上就是坚持马克思主义理论和中国具体实际、学生具体实际相结合，这强而有力地证明思想政治课是有时效性、说服力、针对性和亲和力的，是与国家、社会、自身息息相关的课程。在实践中了解与认同理论，在实践中的感悟更有利于政治认同。

以人教版必修一第五课第二部分《新时代的劳动者》为例，我们通过政治课程的学习，知道了人民群众是社会历史的创造者，而就业是最大的民生，我们该如何解决就业问题呢？教材中又说到为了推动实现更高质量和更充分的就业，党和国家坚持就业优先战略和积极就业政策，鼓励创业带动就业，提供全方位公共就业服务等。同时结合我国的大众创业、万众创新的战略部署等，让学生从自己身边的实践出发，列举国家这些政策和战略部署的具体体现。很多同学会说到政府会给下岗工人免费的再就业培训、大学生创业国家提供免息贷款、劳动执法单位给劳动者的具体保障措施等。这样理论性和实践性相结合的政治课堂，有利于学生从实践中了解与认同政治课堂上的相关知识，从而从实际实践中感悟到我国政府是为人民服务的政府，加深学生的政治认同，这比单纯的说教更加有趣，让知识更加牢固，让政治认同更加深入人心。

## 五、坚持统一性和多样性的统一

思想政治课是塑造时代新人灵魂的关键性课程，这就决定了其在教学目标、课程设置等方面有统一的要求，不能有任何偏差。但是在教学方法、教学手段等方面又应该做到具体问题具体分析，因材施教，鼓励多样化探索，结合学情等做出个性化教学，满足不同学段与个性特征的学生的需求，促进学生个性化发展。

以人教版必修三第七课《我们的民族精神》为例，我国的民族精神是以爱国主义为核心的，那么爱国主义在不同的时代、不同的阶段、不同的人群中是否有所不同呢？经过学习，我们知道爱国主义不是抽象的，而是具体的，不同时代、不同阶段、不同主体都应该有不同的表现形式。课堂上的情境创设，让学生了解不同的劳动者和人民应该以自己特有的方式爱国等，将统一性和多样性统一起来，才能真正让学生在实践中做到政治认同，将政治认同转化成实际的爱国行为。

## 六、坚持主导性和主体性相统一

思想政治课与其他课程高度一致的一点是，课程离不开政治教师的主导，在知识传授、能力培养、价值观塑造方面，教师的教育和引导具有不可替代的作用。但是思想政治课同时又是学生认识规律，追求真理的过程，学生是认识主体，作为老师我们更应该激发学生的学习积极性、主动性和创造性，变"要我学"为"我要学"。政治素养中的核心素养是政治认同，而政治认同这一目标的达成最大的挑战就是学生离社会远，作为政治教师的我们应该做好主导，设置好课堂环节，将思想政治小课堂与中国社会甚至是世界社会大课堂结合好，创设好情景，让学生这个主体充分发挥他们的积极性和主动性，在情境中学习。

而在政治教学过程中，我发现了一个较好提高学生政治参与度，提高学生主体积极性的方法——课堂时事评论以及三中特别的第二课堂"模拟法庭"。给学生提供舞台，让学生课前找到自己所关注的时政新闻的具体内容，讲事实、做评论、分析知识点，这种模式能充分地激发学生的学习积极性以及学习时政知识的积极性，让学生保持与时俱进，同时又带着问题在时政热点中寻找答案，教学效果良好。

## 七、坚持灌输性和启发性相统一

灌输性教育是政治课的基本方法。思想政治教师必须把正确的观点理论展示出来。启发性教育是思想政治课教育的重要方法，它重视发挥学生的主体作用，强调通过教师的引导，培养学生的自主选择、自觉内化和外化实践的能力。作为高中政治教师，应该注重这两者的结合。

以人教版必修一第十课《新发展理念和中国特色社会主义新时代的经济建设》为例，我们通过学习，可以知道要发展中国特色社会主义新时代经济，必须要贯彻新发展理念，注重创新发展、协调发展、绿色发展、开放发展，同时也需要建设现代化经济体系，要大力发展实体经济、要实施乡村振兴战略、要实施区域协调发展战略等。但是发展中国特色社会主义新时代经济并不是一个简单的问题，除了以上做法，我们还需要怎么进行经济建设呢？这个问题是开放的，是一种启发式的提问。很多同学刚开始不敢回答，因为课本上这一课没有其他的说法，但是通过引导，孩子们知道这仅仅是大方面，我们还可以从小方面入手，如加强宏观调控、解决中小企业融资难问题从而发展实体经济等，从这样的一个开放性话题，让学生真实地思考问题，从实践中找答案，从而更加认同国家的政策方针战略，加深学生的政治认同。

## 八、坚持显性教育和隐性教育相统一

作为政治教师，由于思想政治课的政治性要求，我们必须旗帜鲜明、理直气壮地讲授政治课，注重思想政治课这种显性教育。同时，我们还要做好隐性教育，把思想引导和价值观塑造融入每一门课程教学和每一项工作中，特别要与学校的德育队伍紧密联系，政治教师做到"课上"与"课下"一致，达到"润物细无声"的效果。如我们在课上讲爱国，我们在现实生活中就必须是真正地爱国，如我们在课上讲爱党，我们在现实生活中就必须是"言行一致"，任何场合都不能质疑党的领导。如我们在课堂教学中讲要弘扬"社会主义核心价值体系"，我们在自己的工作当中就应该做到爱国、敬业、诚信、友善。只有坚持显性教育与隐性教育相统一，才能真正让学生达到政治认同，从而在实践过程中转化为真正的政治认同的行为。

高中政治教师应该从哪些方面入手去提升学生的政治认同呢？习近平总书记在学校思想政治理论课教师座谈会上提出，讲好新时代的思想政治理论课，必须做到"八个统一"，是新时代政治课改革创新的根本遵循，给政治教师提升学生政治认同和核心素养一个方向性的指示，我们必须贯彻落实到位，从而最大限度地提升学生的政治认同。

# 13. 论教师的核心素养对高中生政治认同素养的作用

## ——强化思想政治课教师的政治素质、业务素质、道德素质

周志玲

【摘要】高中生处于世界观、人生观、价值观塑造的关键时期，高中生又具有独立性、逆反性、不平衡性的心理特点，所以，对于思想政治课教师来说，培育具有政治认同素养的高中生任重而道远。2019 年 3 月 18 日，习近平总书记在学校思想政治理论课教师座谈会讲话中，对思想政治课教师提出的"六要"要求，合乎学生认识发展的规律，合乎教育教学的发展规律。高中思想政治课教师要以"六要"作为自身核心素养的要求，强化自身的政治素质、业务素质、道德素质，以提升高中生的政治认同素养。

【关键词】学科核心素养要求；高中生心理特点；习近平总书记在学校思想政治理论课教师座谈会讲话精神；"六要"要求；思想政治课教师核心素养；高中生政治认同素养。

2017 年 9 月我国正式推进了以培育核心素养为育人目标的课程改革，这迎来了中国教育发展的新时代，修订的课程标准明确提出高中思想政治课要培育政治认同、科学精神、法治意识和公共参与等学科核心素养。思想政治课教师要落实好立德树人的根本任务，培养好担当民族复兴大任的时代新人，使命光荣且责任重大。这两年，广大高中思想政治课教师为培育学生的核心素养做了大量有效的工作，但由于高中生特有的心理特点、高中政治教学内容繁多和面临高考升学

的压力，高中生的认同缺失问题依然存在，思想政治课教师对于培育学生的政治认同等学科核心素养还是感觉困难重重、前路迷茫。

2019 年 3 月 18 日，习近平总书记在学校思想政治理论课教师座谈会的讲话中，直面当前思想政治课建设面临的突出矛盾，对一些长期困扰一线教师的理论和现实问题做出鞭辟入里的分析。对思想政治课教师提出了"政治要强、情怀要深、思维要新、视野要广、自律要严、人格要正"要求，这"六要"要求合乎学生认识发展的规律，合乎教育教学的发展规律，为思想政治课教师的发展指明了方向——提高思想政治课教师的核心素养，对提升学生的思想政治学科核心素养特别是政治认同素养具有极大的意义。

## 一、思想政治课教师提升高中生的政治认同的难度和挑战

在思想政治学科的四个核心素养中居于首位的是政治认同，思想政治教学最根本的任务是提升学生的政治认同素养，青少年的政治认同是他们创造幸福生活的精神支柱、价值追求和道德准则；只有发展学生的政治认同素养，才能牢固树立中国特色社会主义理想信念，成为社会主义合格建设者和可靠接班人。

不同年龄的公民，在政治认同上有明显的差异，从高中生的心理特点来说，要真正提升高中生的政治认同是有难度、有挑战的：

1.高中生心理特点具有独立性。高中生在个人生活的安排和对人生与社会的看法上，都有自己的见解，情感日趋深厚、稳定、带有闭锁性，他们希望能依据自己的评价标准，独立评价自己、他人的行为及社会实践。

2.高中生心理特点具有逆反性。青少年时代是学生个性形成的时期，他们对小时候所形成的权威观念开始怀疑否定，甚至走向另一个极端，对现存的一切，对已成定论的事实都要投以怀疑的目光。

3.高中生心理特点具有不平衡性：高中生的生理与心理、心理与社会关系的发展是不同步的，具有较大的不平衡性。虽然高中生思维敏捷，但缺乏理智，动荡性片面性较大，易冲动，易偏激。

由于高中阶段的教学内容多、高考压力大，很多思想政治课教师采用了省时省力、信息量大、条理清楚的讲授法，有利于学生掌握基础知识、基本技能和

培养抽象思维能力，受到了很多家长和学生的追捧。但这种教学方法中，学生参与少，带有说教灌输的性质，内容难以密切联系社会生活，而高中生又具有独立性、逆反性和不平衡性的心理特点，所以，这种教学方法对于提高高中生的政治认同素养起到的效果反而不好，学生形成的政治认知不扎实、不深刻，缺乏继续深入了解的兴趣，更不利于从内心产生政治认同感。

要切实提高高中生的政治认同素养，就要落实"六要"要求，全面提高思想政治课教师的核心素养，充分发挥思想政治课教师在教学活动中的主导作用。

## 二、落实"六要"要求，发挥思想政治课教师的关键作用

1. 思维要新、视野要广，提升思想政治课教师的业务素质，夯实高中生的政治认知

课程标准将政治认同的水平划分为不同等级，从对我国领导力量、我国根本道路和制度，对国家、民族、文化、价值观的初步解释，之后不断深化提升，最后达到洞察、揭示、阐明的程度。政治认同的第一层次，就是要求学生对这些相关内容有初步的政治认知，认知是认同的前提和必要准备。要踏实、细致地夯实好高中生的政治认知，思想政治课教师就要创新思维，拓广视野，提升业务素质。

（1）思维要新，不是全盘否定已有的课程改革成果，不是摒弃原来的思想政治课教学和原有的教学观念、教学方法、教学资源等，也有很多是符合培育提高高中生政治认同核心素养要求的。创新思维要批判地继承原有的思想政治课教学，这就要求思想政治课教师善于总结分析原有教学经验和教学效果，善于在教学实践中发现原有教法对实现学科核心素养的可取之处，继承、调整、融合原有的教学方式，为学科核心素养培育提供充分和可靠的基础。

（2）思维要新，是要根据高中生的心理特点和认知规律来创新思想政治课教学方法，让培育提高高中生政治认同核心素养合乎学生生活实际，合乎认识的发展规律，这样才能夯实学生的政治认知。

高中生心理特点有独立性和逆反性，思想政治课教师就不能进行简单的理论灌输，高中生已经具备了一定的抽象思维能力和自主学习能力，所以，初步的

政治认同可以在教师的引导下大胆地交给学生，思想政治课教师要更深层次地备课，结合现实社会生活中的热点或学生感兴趣的话题，通过设计有深意、有新意的教学主题，激发学生参与探究的热情，引导学生围绕教学主题，采取问题研读法、案例分析法、实地调研法等侧重于学生实践的方法，开展自主、合作、探究学习，充分地发挥学生的教学主体作用，让学生从自主探究的实践活动中获得直接经验，从而产生情感共鸣和初步的政治认知。

（3）思维要新，不但要更新教学方式，还要更新教师的身份和作用，更新师生的关系和互动，思想政治课教师要抛开地位尊贵的"真理诠释者"和"文化代言人"的权威意识，要抛开把学生当成灌注知识的"容器"的师生关系处理方式。思想政治课教师要真正地把学生当成有自由思想的独立个体，设身处地考虑学生的思想感受和根本需求，根据学生的问题和困惑，引导学生自主思考解决，真正成为学生成长的支持者、帮助者和引导者。强调师生平等的教学活动，不仅使双方能真正领略愉快教学的美学价值，对政治认知的形成来说，学生内心也会更加信服通过自主学习掌握的知识。

（4）视野要广，打造具备知识视野、国际视野、历史视野的思想政治课教师，才能更好地发挥教师的主导作用，引导学生初步政治认知的形成。高中生心理特点具有不平衡性，原有知识积累有所欠缺，思维水平并不成熟，社会阅历相对过少，所以对很多社会问题的认识不够深刻，甚至存在偏差。在学生遇到复杂矛盾的社会问题，内心存在怀疑和不确定的时候，思想政治课教师就要运用古今中外各种实例，鞭辟入里地把问题讲明白、讲透彻，引导学生深入比较、辨析事理，启迪学生学会客观地、理性地、历史地、全面地、辩证地分析问题。

（5）视野要广，思想政治课教师在政治教学中，要从宣传说教走向故事叙述，在论述方式上，要从阵地捍卫走向场景描述。与晦涩枯燥的理论说教相比，富有人文情怀的叙事具有可观、可感、真实、鲜活的特点，更容易引起学生的共情共鸣，形成情感认同。所以，思想政治课教师要从新时期中国所处的历史方位和时代特点出发，讲好中国故事，采取实事求是的态度引导学生形成对社会发展的全面认识，用中国故事的说服力、感召力来提高学生的政治认同度。

2. 政治要强、情怀要深，强化思想政治课教师的政治素质，提升学生的政治认同

放手让学生去形成政治认知是发挥学生的主体作用，然而学生在自主研讨中，总会出现各种问题，比如有的社会问题被揭露出来，很多同学对同一问题各持一词、存在争议，等等，这就需要思想政治课教师发挥教学主导的关键作用，在冲突中、矛盾中把握好正确的方向，当好学生政治认知的舵手，促使学生的政治认知上升到政治认同。

这不仅仅要求思想政治课教师具备良好的业务素质，更重要的是强化思想政治课教师的政治素质，用教师坚定的政治信仰提升学生的政治认同。一个优秀的思想政治课教师政治要强，在矛盾和争议面前保持政治清醒；情怀要深，心里要装着国家和民族，为学生树立有信仰、有理想、有担当、有情怀的榜样。

例如在课前5分钟"时政开讲"活动中，学生自主介绍时政事件，并对其原因、影响等方面进行分析，表述个人对时政的认识。之后教师点评的时候，要坚定自己的立场和情感，对时政事件进行全面透彻的分析，有问题时要提醒学生看到积极健康的一面，有阴暗面时要强调必须看到阳光和希望，引导学生全面看待社会问题，让学生坚信，虽然社会是复杂多样的，但我们每个人的努力会让社会变得更加美好。通过教师正面引导学生，加深学生对时政的全面认知能力，让学生在参与社会生活的实践中找到信心，感受到使命感和成就感，就能在潜移默化中培育学生的政治认同。

例如学生辩论赛活动，教师结合时政热点和争议点设计辩题。在辩论赛准备阶段，教师指导让学生用马克思主义的立场、观点和方法正确看待各种社会问题，提高学生理论结合实际的能力、辩证思维能力。在辩论进行阶段，教师要善于利用学生辩论产生的争议和问题，引导学生思维发展方向。在辩论赛总结阶段，教师要对辩论议题进行情感升华，以教师深切的家国情怀进行积极的情感引导，借助情感互动达到以情感人、以情动人、以情育人的境界。让学生在中国特色社会主义伟大实践中关注时代、关注社会，在辩论中明辨是非，提高政治认同。

3. 自律要严、人格要正，提高思想政治课教师的道德素质，让学生亲师而信

道，强化高中生的政治认同

内化于心，外化于行，社会实践是巩固、强化学生政治认同的有效方式。所以，思想政治课的效果，既在课堂教学之中，更在生活实践之中。"桃李不言，下自成蹊""古之学者必严其师，师严然后道尊"，思想政治课教师要提高对学生的影响力，就要严于自律、率先垂范，要坚持以德立身、以德施教，做到课上课下一致，坚持表里如一、言行一致，才能使自己在各方面真正成为学生的表率，在潜移默化中影响学生的认知和行为。

教师的身教重于言传，如果思想政治课教师在引导学生实践和自己的生活实践中言行不一、表里不一，会让学生已经建立起来的政治认同"一夜崩塌"，经过政治实践的巩固和强化，学生的政治认知、政治认同才能真正内化。

政治认同的过程，是认同主体、认同客体以及多种社会因素综合作用、交相互动的实践过程。思想政治课教师应该主动面对时代要求，适应新时代发展需要，更要担负起时代赋予的重任。面对课程改革的新要求，思想政治课教师要不断修炼自身，提高自身的政治素质、业务素质、道德素质，磨炼教师的核心素养，从而提升学生的政治认同素养。

# 14. 新课标下高中历史"主题教学"探究

## ——以《近代思想解放的潮流》一轮复习为例

### 马强

【内容摘要】主题式教学主要是指以文本和内容为载体进行的一种教学活动。它反映的是教师构思课堂教学设计的基本依据和根本意图,是教学目标最主要的体现。在历史的一轮复习当中,基本目标是学生对基础知识熟练掌握,在此基础上完成高中历史知识体系的建构,培养学生的历史学核心素养。在此过程当中,教师就有必要打破现行教材的限制,根据新课标的思课堂教学设计。本文以《近代思想解放的潮流》一轮复习为例探讨新课标下高中历史主题教学。

【关键词】新课标;主题教学;思想解放的潮流。

近年来,随着广东高考采用全国卷,考试中更注重考查在唯物史观指导下运用学科思维和学科方法发现问题、分析问题、解决问题的能力。更需要在历史教学中提升学生在微观史实中提炼宏观结论,再由宏观结论回到微观史实来论证其论点的能力。

2017版《普通高中历史课程标准》已经颁布,其中明确指出,高中历史必修课程按照学习专题编排,要求教师在进行教学设计时,需要整体梳理教学内容。把握学习专题中的关键问题,确定教学重点内容,在此基础上设计新的综合性的学习主题。课标强调对内容的整合的目的在于,一是要加强历史横向联系的整合,二是凸显历史纵向联系的整合。近年高考命题的方向以及新课标的要求都对主题教学提出了明确的要求。

## 一、明确目标，确定主题

主题式教学主要是指以文本和内容为载体进行的一种教学活动。它反映的是教师构思课堂教学设计的基本依据和根本意图，是教学目标最主要的体现。在历史的一轮复习当中，基本目标是学生对基础知识熟练掌握，在此基础上完成高中历史知识体系的建构，培养学生的历史学核心素养。在此过程当中，教师就有必要打破现行教材的限制，根据高考考纲构思课堂教学设计。

例如，在复习中国近代史的过程当中，要将其放在国际国内大背景下去学习，将工业文明对中国的影响、世界市场、侵华特征、民族资本主义经济的发展、资产阶级革命发展历程等内容联系起来。以中国近代思想史为例，在教学设计上，把握好一定时期的思想文化是当时的政治、经济在思想文化领域的反映这一基本思路。明确教学目标是了解鸦片战争后中国人学习西方、寻求变革的思想历程，并在此基础上探究几次思想解放潮流的成因及在中国社会发展进程中所起的作用。带着学生梳理线索和阅读相关材料，培养学生提取有效信息的能力和语言表达能力、史料鉴别和分析能力。在主题的确定中将本课的主题确定为"中国近代思想解放的潮流"。

需要对主题的概念定义进行说明。"思想解放"一般是指随着时代的发展演变，旧思想不再适应新时代的需求，所以要冲破旧思想的束缚，传播新思想，为社会的变革做好思想理论准备。历史上凡是重大进步或者转折关头，都有相应的思想解放运动为先导，具体到近代中国就是打破传统封建思想的束缚。潮流，即趋势，有较多人参与。

## 二、紧扣主题，整合知识

在这一主题开始的教学设计中，首先让学生结合所学知识，从横向上对比19世纪中期的东西方，让学生对思想解放的起点有所了解。第二步，让学生列表梳理近代中国思想解放的历程。学生通过整理，可以对已学知识进行回顾，为后面的讲解做铺垫，可以让学生在课前预习中先完成。中国人近代思想经历了从"天朝上国"的迷梦到学习西方的先进技术，从学制度再到学思想的历程，贯穿

其中的是国人对西学的认识的加深和心态的变化，因此在教学设计中以"心路"历程为线索，串起基础知识。

**（一）"心路"历程——遇危机开眼看世界**

阅读材料

材料一：1839年林则徐在《谕各国商人呈缴烟土稿》中说："我中原数万里版舆，百产丰盈，并不藉资夷货。"

材料二："是书何以作？曰为以夷攻夷而作，为以夷款夷而作，为师夷长技以制夷而作。"……"夷之长技有三：战舰、火器、养兵练兵之法。"

——《海国图志·序》

**问题：两则材料反映了时人怎样的心态？**

答：贵华夏、贱夷狄的传统思维，自信从容，没有平等地对待西方，认为中国落后的只是技术而不是体制。

反映到具体史实上，取《海国图志》的遭遇为例进行说明。

思考：《海国图志》的遭遇：

材料：据统计，当时国内有士绅百万余人，有能力读此书的也多达三百多万人，然而却很少有人认真地阅读和领会书中的深刻内涵。相反，许多守旧的朝廷官吏的骂声却扑面而来，更有甚者主张将《海国图志》付之一炬，在他们眼中这无疑成了一本大逆不道的书籍。遭到无端非议的《海国图志》最终在国内的印刷数仅有千册左右。

——周英杰：《〈海国图志〉的孤寂与荣光》

**问题：守旧官吏为什么认为它是一本大逆不道的书？**

答：因为它提出"师夷长技以制夷"的思想，强调要"向西方学习"，这是对中国士大夫长期以来"天朝上国"的传统心态的一次挑战。1.千年传统观念（"贵华夏""贱夷狄"）。2.读书人埋首故纸堆。3.长期闭关锁国政策。4.统治者沉浸在"天朝上国"的迷梦中。

（二）"心路"历程——办洋务师夷以自强

材料：中国人开始从以伦理道德为中心的文明优劣观转变到以强弱为中心的文明优劣观，于是"自强"也成了中国观念的重心所在。

——葛兆光：《中国思想史》第二卷

**问题：其时中国上层士人的心态发生了怎样的变化？在近代化方面又迈出了怎样重要的一步？**

答：与西方相关的事物从被视为"夷务"到被视为"洋务"，"师夷长技"由思想主张到付诸实践，学习西方的目的从"制夷"到"自强"。可以看出当时对待西方的心态从盲目自信变成务实，开始学习西方，开始了经济、教育、军事近代化，出现早期维新思想。

在这一阶段的对西方的认识中，不论是"开眼看世界"，还是"中学为体，西学为用"，都没有突破传统封建思想的束缚，依然坚持纲常名教！因此不能算思想解放的潮流，只能说是量变的积累。

（三）"心路"历程——兴维新变法改制度

材料一：甲午战败后，国家深受大辱，士大夫们纷纷寻求救国之策，以图自强而洗大耻者……乃议设时务报馆于上海。

——汪康年（《时务报》总经理）

材料二：他们真正醒来，正是在这个令中国人真正感觉到痛彻心脾的1895年。这种紧张和焦虑的反应，恰恰导致了后来一系列激烈改革甚至革命思路和策略的出现。

——葛兆光：《中国思想史》

**问题：为何从务实的"洋务"转变为紧迫的"时务"？体现了国人怎样的心态变化？**

答：因为民族危机加深；国人心态从务实到紧张、大声疾呼，开始政治的近代化维新思想的传播是近代中国第一次思想解放的潮流，这是因为：

（1）是近代中国第一次思想解放的潮流，起了思想启蒙作用，促进人民的觉醒。

（2）激发了知识分子参政议政的热情，直接推动救亡图存的维新变法运动。

（3）维新派对封建制度的批判，客观上也有利于资产阶级革命思想的传播。

（4）维新运动也促进了中国的新闻事业、教育事业、出版事业的兴起，成为中国资产阶级文化的起点。

### （四）"心路"历程——起革命共和求民主

暴力革命推翻清政府，建立资产阶级民主共和政体是近代中国第二次思想解放的潮流，因为：

（1）辛亥革命冲破了封建思想的牢笼。推翻清王朝，结束专制制度，并从舆论上对皇权思想进行鞭挞和批判，极大地促进了人民的思想解放。

（2）辛亥革命传播了民主思想。传播西方资产阶级思想，使人们了解"自由、平等"的涵义，使民主共和深入人心。

（3）辛亥革命改变了社会习俗，包括断发易服、废止缠足、废跪拜之礼等。

**思考：民主共和真的深入人心了吗？**

答：民众未被充分动员；深入人心：分群体、分地域。民众的蒙昧是我们民族近代化的最大阻碍之一。

### （五）"心路"历程——破纲常，启蒙迎曙光

新文化运动，以民主、科学为旗帜，掀起近代思想解放的第三次潮流。

材料一："辛亥革命以后，袁世凯要复辟帝制，使中国先进的知识分子认识到我们中国多数国民口里虽然不反对共和，脑子里实在是装满了帝制时代的旧思想，如今要巩固共和，非先将国民脑子里所有反对共和的旧思想，一一洗刷干净不可。"

——陈独秀

材料二：国人而欲脱蒙昧时代，羞为浅化之民也，则急起直追，当以科学与人权并重。

——陈独秀《敬告青年》

问题：20 世纪初先进的中国人心态发生了怎样的变化？

答：从大声疾呼到羞耻，到奋起直追，开始思想近代化。

## 三、总结提升，拓展延伸

围绕"中国近代思想解放的潮流"这一主题在进行教学设计时，着眼于让学生理解中国人思想解放的历程。本主题以"心路"为线索，将国人近代在面对西方冲击时的反应和心态进行了梳理，在这个过程当中，结合不同时期的政治、经济进行整合。一系列材料的阅读和解释，既帮助学生理解主题，又培养了学生的历史核心素养。材料的层层递进，使学生明确近代中国人在从传统走向近代的过程中经历了自信从容—务实学技—紧张、大声疾呼—羞耻、奋起直追的过程。之所以会如此，是因为随着西方的入侵，民族危机不断加深，救亡图存成为时代主题，在这一时代主题下，国人对西方的认识逐渐加深，中国向西方学习也逐渐深入。因此近代思想解放是学习西方与救亡图存相结合的近代化过程。

在中国近代思想解放的潮流这一主题之下，还有一条线索，即倡导向西方学习的国人，从林、魏等个别人到一批地方大员再到大批士大夫、革命者，最后汇聚成历史发展的潮流。这个过程也是中国经济变化的反映，社会阶层发生编队，先后从地主阶级到资产阶级最后到无产阶级，国人在面对西方时从固守传统，到改造传统，最后告别传统。

对主题内容的梳理整合，使学生既了解了近代中国思想近代化的过程，也对这一时期中国的政治、经济以及世界史相关内容进行梳理，建构起近代史的知识体系。

# 15. 肯定 信任 激励

## ——指引后进生前进的明灯

桑翠利

班主任一般都会比较关注班级的后进生，不过因其不好的学习习惯和不理想的学习成绩，班主任往往会给这些人的肯定和鼓励比较少，大多是批评和责罚，显然，如此做法对他们的进步帮助不大。当了 8 年班主任之后，我明白了一个道理：要想让后进生有较大的改变，任何单一的短期措施，效果都是有限的；只有长期的不断的肯定与信任和持续有效的激励，才能让后进生逐步取得较大的进步。

我刚接手高一 404 班的时候，第一眼就注意到了陈某某，他要比班里其他的学生另类得多，嘴里经常吐出社会上的混混词语，爱和同学打赌，口头禅就是"敢不敢和我赌一百块钱"。通过一番调查后我才知道他妈妈痴迷于炒股和麻将，他打小耳闻目睹，深受影响，也喜欢与别人打赌，自然就对学习却不感兴趣，上课常睡觉，不写作业。看到这样的学生，我也是暗自为其担忧。为了督促他上进好学，我试了很多方法，找他谈心、讲道理、邀请家长来校商谈等，最终效果都感觉不太好。我当时就想如果能想办法让他在学习上赌一把，或许能把他的学习积极性调动起来。

第一次考试，他的成绩毫无悬念地考得非常差，几乎给全班垫底了，不过数学成绩还算可以，在54名同学中排在16名，是他所有科目中成绩最好的一科了。我就先给他妈妈打了电话，想了解一下他在家里的学习情况，他妈妈一上来就说："他肯定考不好了，初中老师都说了，他不是学习的料，只要他平平安安度过高中，之后随便上个大专就好了！"。虽然我极力给他妈妈说他的数学考得还挺好的，只要继续努力，学习成绩还是可以赶上来的，不过他妈妈也还是将信将疑。后来我就找到他认真地谈了谈，尽量对他进行肯定和鼓励，对他说数学好的人一般来说智商都比较高，对文科生来说也比较容易考好。因为一般学习文科的同学数学方面都不甚理想，只要你数学学好了，在高考的时候你就有了优势，更容易获得高分，考入较为理想的大学。想到他喜欢赌一把，于是我随即就刺激他说，如果你一直自暴自弃，结果肯定考不上理想的大学，但如果你努力一下，就有可能改变自己的命运，你是想在高中浪费三年还是想拿自己的命运赌一下？我当时感觉对他的触动挺大的。之后的一段时间，我观察他的课堂行为和写作业情况确实有所改善，但是作业还是写得一塌糊涂，经常还会完不成，成绩提高得也不是很明显。看到这种情况，我分析后认为是他"心有余而力不足"，底子弱，惧怕学习。于是我就再次找了他谈话，问他现在遇到的困难和需要解决的问题，他很痛苦地说："作业太多，很多都不会，所以想要把作业写完都难，更不用提什么复习预习啦！"他甚至还开始怀疑我之前肯定他鼓励他的那些话，觉得自己可能就"不是学习的料"。我当时就意识到只有肯定和激励还不够，对他还需要方法的引导。于是我就和他一起分析了目前的情况，发现现阶段他要想在完成各科作业的同时提高考试成绩确实有困难，在分析中也看到了他的擅长学科和劣势学科，共同确定接下来要重点攻破的学科，同时给他自主学习权，让他酌情选写作业，不强求每一科作业都完成，但每天至少要认真独立完成两个学科的作业，并要有自己的复习计划，在高二这一年内争取把自己的劣势学科攻克。

通过这次及以后几次的分析和鼓励后，我感觉到他的学习状态有了明显的改善，作业完成情况也逐步改善，成绩也一次比一次好。

在高三的一次模拟考试后，他临时发挥得比较好，成绩较为理想，因此有点自我膨胀，觉得考试也不过如此，学习劲头又有所松懈了。针对这种情况，我觉得要适当给他泼点冷水，激起他的斗志。于是我帮他找了个学习榜样，鼓励他以榜样为目标与赶超对象。这个榜样就是班长，班长品学兼优，是公认的好学生，因在这次考试临场发挥不太好，比陈某某分数稍低一些，所以我在班会上夸陈某某考得好，竟然超过了班长！在陈某某扬扬得意的时候，我就说班长只是一时没考好，不见得之后考不过陈某某。随后我让其他同学猜一猜，下次考试他们俩谁会考得好？当然，大部分同学都投票班长，陈某某看了就不太服气，觉得自己下次也一定能考过班长，我趁机激他一下："要不要赌一把？"我的激将法起效了，于是他问："赌什么？"为了能更好地激励他，让他保持高昂的斗志，我说："都可以，你选！"他大声地说："赌300块！敢不敢？如果我赢了我出300块钱，请大家喝饮料！如果我输了，老师出300块钱，请大家喝饮料，怎么样？"我说："赌钱不太好吧？换点别的吧？"他不愿意，说如果不按他说的那样他就不参与了，于是我就同意了。

在接下来的学习中，我发现当他看到班长特别努力学习时，神情就有些紧张，于是他也在学习上抓得很紧，虽然在学校里表现得没有那么明显，但是据他妈妈反映他在家里学习特别努力（他是走读生，不参加学校的晚修），甚至把历史的年代表、学习提纲等贴在卧室和客厅的墙上、冰箱门上、餐桌上甚至厕所等随处可以看得到的地方，方便随时随地学习。经过一段时间的强化训练，他的成绩提高非常快，在接下来的一次考试中他和班长的成绩都有非常大的进步，他虽然没有班长考得好，但是相差已经很小了。这次打赌他虽然输了，但是也认识到"天外有天，人外有人"，比他聪明和努力的人太多了，学习光靠聪明是不够的，还需要勤奋！在随后奋战高考的日子里，他在学习上更加踏实，也更加勤奋了。

高考结束后，看着超过了本科线的高考成绩，全家人特别开心，他妈妈得知成绩的第一时间深夜给我打电话，一边打一半哭："谢谢老师，我从来都不知道我的孩子竟然是可以读书的，从来没有想到他能考得这么好！"之后陈某某也发来很多感谢的信息，甚至还给我发来一首歌曲"you raise me up"，说这就是他最想对我说的话。

通过对后进生陈某某的教育实践，我明白了肯定、信任和激励对学生特别是后进生来说非常重要，只要使用得当，可能改变其一生的命运。

# 16. 基于核心素养培养的高中信息技术数字化教学探讨

梁洁丽

【摘要】核心素养是近几年国内外教育领域研究的重点话题，并将其引入学科教学。本文从对高中信息技术核心素养内涵的分析入手，系统探讨在新时代背景下基于核心素养培养的高中信息技术数字化教学途径，希望能够为相关研究人员提供参考借鉴。

【关键词】核心素养；高中教学；信息技术；数字化教学。

## 一、信息技术核心素养内涵

教学从来都不仅仅是教师在课堂上进行简单的学科知识传输，而是应该以培养有能力、综合素养高、全面发展的人才为己任，注重学生核心素养的养成。那么教师就应该首先明确信息技术核心素养具体包括哪几方面的内容，然后才能将其融入教学过程之中。

第一，信息意识。即学生应该时刻对信息保持较高程度的敏感，以及可以有独立能力判断信息价值。只要高中学生具备这一素养，便能够依据具体问题来查询、处理信息，并辨别信息正确与否，进而决定下一步行为。

第二，计算思维。这主要是指学生通过计算机领域的思维方法尝试探索问题解决方法过程中，在头脑中进行的思维活动。一旦高中学生养成了这一素养，便可以灵活运用它来解决问题。

第三，数字化学习与创新。当高中学生具备这一素养，便可以正确选择数字化资源与工具来帮助自己完成学习任务。同时，学生养成这一能力后，便能够不受环境约束，充分运用数字化资源进行自主学习。

第四，信息社会责任。它是处于信息社会个体的综合表现。具备这一素养的高中学生能够在现实生活与虚拟空间中都可以主动承担社会责任，遵守法律法规和道德规范，保护自己的合法权益，尊重他人的隐私。

## 二、基于核心素养培养的高中信息技术数字化教学途径探讨

### （一）强化学生信息意识

随着信息技术的快速发展，很多家长在孩子幼儿园时期就开始信息意识的启蒙，以提高孩子在信息社会的竞争力。具备了完善的信息化意识，学生便可以主动获取信息，并判定信息内容的真伪性和可靠性，如此提高孩子的信息获取能力，增强他们的社会竞争力。但是因为这段时期的孩子年纪小，对于信息的概念和判断力相对不足。进入高中后，信息技术成为重要的学科，学生的信息化意识得以进一步强化、提高。教师可以针对特定的信息问题，创设生动的教学情境，引导学生针对不同的信息源进行比较分析，分析信息的合理之处。另外，教师应该努力提升高中学生主动获取信息的意识，让他们主动有意识地选择合适的信息获取工具，使用恰当的信息收集手段获取信息，并帮助学生培养强烈的信息意识。

### （二）培养学生计算思维

作为信息技术学科的核心素养之一，计算思维在高中生实际学习与问题解决过程中运用的显著表现是：有自动化、形式化、模型化与系统化等特点。但是，高中信息技术数字化教学尚停留在计算思维培养的初级阶段，并没有进行深层次的探索和分析。因此，为了更好地培养高中生的计算思维，信息技术学科教师必须创新教学方式，加强自我学习，深入研究这一学科核心素养，在课堂教学过程中不断尝试使用新的教学模式与教学方法。同时，教师应该根据高中信息技术数字化教学内容和学情的实际情况采取不同的教学方法和教学模式，按照高中学生特有的话语体系和研究方法，升华到高中信息化数字化教学实践中，培养学生计算思维。

### （三）提高学生数字化学习和创新能力

培养这一核心素养主要依靠教师创设相关教学情境，积极引导学生收集与处理数字化学习资源，然后在此基础上实现其创新与发展。想要充分掌握数字化学习和创新能力，学生首先应该学会选择情境要求、选择数字化的资源和工具，并按照情境要求来应用数字化的设备、设施、工具和软件进行学习研究。简而言之，在高中阶段，教师应该引导学生主动理解更深层次的数字化含义，对网络资源软件和数字化硬件、设施进行深入学习，并懂得利用数字化工具和学习资源，合理选择、搭配，创设相对应的学习场景。比如，在立体几何的学习过程中，教师首先应该帮助学生明确问题，然后引导他们选择合适的学习软件和学习平台来进行立体几何学习，并组织学生针对实践中出现的问题进行交流互动，沟通学习心得，分享学习资源。最后，教师还应该引导学生进行拓展学习，不仅仅满足于当前的软件和学习平台，还需要对其他几何软件和学习平台进行延展学习。

### （四）赋予学生社会责任意识

高中时期是学生过渡进入成年阶段的重要时期，其思维意识、责任意识都在逐渐走向成熟，因此高中教师需要培养学生的社会责任意识，使其自觉承担相应的责任并为自己的行为负责。简单来说，一方面，教师应该引导学生在虚拟的网络世界中明确自己的定位，在遵守国家法律法规和道德规范的基础上合理轻松地利用信息化技术，并通过技术手段保护个人数据、隐私和自身的合法权益；另一方面，教师也应该让学生懂得尊重和保护他人的隐私，不会妄图利用网络的虚拟性从事违背道德法律的活动，侵害他人的合法权益。总之，信息技术教师应该积极培养高中生的社会责任意识，使其能够明确自身社会责任与义务，坚守道德与法律底线。

## 三、结语

综上所述，培养学生信息技术核心素养已经成为高中教师重要的教学任务，教师应该改变固有僵化的传统教学方式，合理利用高中信息技术优势，采用多种教学方式帮助学生培养核心素养，以推动学生深化理解和学习。

# 17. 珠海市第三中学图书馆特色项目培育的实践与成效

王鸿飞

【摘要】着力于选择与构建学校的办学特色，不断丰富学校内涵建设，是学校面向未来的战略选择之一。珠海市第三中学图书馆立足实际，从阅读推广与书香校园角度着手打造图书馆特色，开展图书馆特色项目培育的实践与研究，取得了很好的成效。该项目正式被批准为珠海市中小学校特色项目。

【关键词】特色项目；图书馆特色；书香校园；阅读推广；中小学校。

## 一、背景介绍

2015 年 4 月，珠海市被广东省政府授予"广东省推进教育现代化先进市"称号。获得这个称号之后，教育决策层认为推动中小学校特色发展就是面向未来的战略选择之一。于是，珠海市教育局督导室联合珠海市教育研究中心研究制定了《珠海市中小学校特色项目培育和验收办法（试行）》《珠海市中小学校特色项目评估指标体系》以及《珠海市中小学校特色项目资金使用管理办法（试行）》等办法及评估指标体系，推进珠海市中小学校特色发展。

珠海市第三中学图书馆（以下简称"珠海三中图书馆"）对照《珠海市中小学校特色项目评估指标体系》，申报了珠海市中小学特色项目培育对象。经过专家评审组的考核评估，图书馆特色项目《中小学图书馆阅读推广与书香校园》被评为 2015 年珠海市中小学校特色项目培育对象。经过两年多时间的培育，《中小学图书馆阅读推广与书香校园》项目又通过了特色项目的验收工作，正式被批准为珠海市中小学校特色项目。

## 二、珠海三中图书馆特色项目培育的实践与策略

### （一）特色项目概况

《中小学图书馆（室）规程（修订）》《广东省中小学图书馆（室）建设标准》《关于加强新时期中小学图书馆建设与应用工作的意见》（教基一[2015]2号）等文件强调：中小学图书馆作为服务教育教学、教育科学研究的重要办学条件，是基本实现教育现代化的重要体现，是均衡合理配置教育资源的重要内容，是广大学生、教师获取信息资源不可或缺的重要途径，是落实立德树人根本任务、全面深化课程改革的重要阵地，对于保障教学、服务教学、改善教学，提高学生自主学习能力和终身学习能力，促进教师专业成长和学生全面发展具有重要作用。加强中小学图书馆建设，开展阅读推广，有助于提升学校内涵与品质，形成书香校园，带动全民阅读，助推学习型社会和书香社会建设。

近年来，珠海市第三中学致力于创设一种师生主动学习、自由发展的人文环境，大力推进图书馆基础条件建设，营造读书氛围，创建书香校园。珠海三中图书馆秉承"智慧服务 悦读成长"的服务理念，一切为读者着想，努力开展阅读推广与书香校园建设，注重发挥图书馆教育功能，开展新生入馆培训与读者教育，打造图书馆志愿者实践活动平台，利用空间及图书资源优势开展阅读指导课；积极开展阅读推广活动，通过各种手段进行图书宣传、阅读推广，利用"珠海三中图书馆"微博、微信（公众号）等进行图书推介；连续组织九届图书馆文化节，开展系列读书活动。短短几年，珠海三中图书馆从不起眼的图书室蜕变成颇具规模的图书馆，图书馆也逐渐成为学生生活中不可或缺的一部分，大多同学养成了到图书馆阅读、借还书、写作业、自习的习惯。通过图书馆的阅读推广与书香校园建设，校园读书氛围浓厚，办馆效益良好，美誉度与影响力不断提升，为学校获得广东省书香校园等荣誉。《中小学图书馆阅读推广与书香校园》被评为珠海市中小学校特色项目对象，有助于为中小学图书馆建设树立典型，总结经验与案例。

### （二）特色项目的建设实践与策略

1.注重图书馆建设实践，图书馆阅读环境不断优化

2008年珠海三中图书馆进行改造升级，全面推进图书馆的现代化建设，从硬件和软件两方面着手逐步完成图书馆现代化建设的艰巨任务。扩大了图书馆的馆舍面积，合理布局图书馆功能区，增添了书架、期刊架、阅览桌椅等图书馆家具设备以及各种配套设施，为师生营造优美的阅读环境。立足标准化，引进实现现代化管理的硬件、软件以及外设设备，建设电子阅览室。重视图书馆队伍的建设，引进高素质的专业人才，引入现代化的管理理念，这些新的理念都很好地运用于图书馆的建设以及日常的图书馆服务之中。

珠海市中小学校特色项目培育对象《中小学图书馆阅读推广与书香校园》实施以来，图书馆又进行了升级改造，进行 RFID 智能化图书馆系统建设项目，实现全馆自助借还。引进图书管理系统，升级了书目查询系统；加强数字资源建设，实现了电子期刊、电子图书的借阅等。

2.倡导书香校园理念，建设书香校园

"营造书香校园"旨在改变目前中小学学生与教师的阅读状况，促进师生共同的发展，让教师与学生都拥有一个阳光的人生。珠海三中图书馆近年来一直坚持书香校园理念，通过创设浓郁的阅读环境与氛围，推荐优秀的阅读书目，开展形式多样的阅读方式，创建书香校园。一是营造校园读书氛围，重视学校环境设施的人文化建设，提升校园环境的文化内涵；二是以阅读活动为主要载体，开展内容丰富、形式多样的阅读活动，阅读活动的持续开展，使得阅读成为师生的良好习惯与生活方式，进而积淀为学校的文化传统。当一所学校人人都热爱读书，校园飘溢着浓郁书香氛围的时候，最起码的，求真、崇文、崇善、尚美将会成为学校师生共同的精神追求，将会促进学校精神文化的培育和形成。

3.积极开展阅读推广，举办图书馆文化节系列读书活动，创新图书馆服务

中小学图书馆阅读推广就是图书馆主动宣传馆藏资源，在了解和研究读者需要的基础上，对其阅读目的、内容和方法给予积极影响的教育活动。珠海三中图书馆立足读者服务，开展各种各样的阅读指导与阅读推广活动，例如：设立新书推荐专区，制作新书通报、新书快递，定期推出图书借阅排行榜与读者借阅排行

榜，设置图书展示架，在校园设置图书馆宣传栏，制作各种推荐书目，开展图书馆的入馆培训或读者教育，利用网站、校讯通、广播站、微博、微信等进行图书推介。

此外，珠海三中图书馆每年举办图书馆文化节，开展各种读书活动。如：读书征文活动、图书漂流活动、"您选书，我买单"书展活动、图书捐赠活动、科学图谱展览、讲座活动、猜谜游园活动、心意贴活动、电影播放活动等等。2014年起，珠海三中图书馆又创新开展真人图书分享活动。目前，已成功举办了10期真人图书分享会。真人图书分享活动的类型包括以下几种：一是联合 AIESEC 中山大学分会邀请外国志愿者分享志愿活动经历、公益故事及本国文化交流；二是作家的新书分享会；三是围绕特定主题邀请合适老师进行经验分享。其中，联合 AIESEC 中山大学分会邀请外国志愿者到珠海市第三中学分享他们的志愿者活动经历，成为"真人图书"，供图书馆读者"借阅"，开展真人图书分享会，已经成为珠海三中真人图书活动的一大特色。

**4. 完善规章制度，注重档案资料积累**

在创建书香校园前期，学校曾专门成立了创建"书香校园"活动的领导小组。"书香校园"是校园文化建设的重要内容，学校一直将"书香校园"建设作为一项重要的工作，激励广大师生"爱读书、读好书"。珠海三中图书馆认真落实《中小学图书馆（室）规程（修订大全）》，《广东省中小学图书馆（室）建设标准》等标准，更新观念，不断创新，在探索中前行，不断完善相关的规章制度，比如《班级团借制度》《图书的借阅制度》等等。

另外，图书馆非常注重图书馆档案资料收集与积累。近些年开展图书馆建设实践，进行阅读推广，建设书香校园的档案资料比较完整，档案资料包括：计划与总结、建设方案、活动方案、课题资料、阅读校本课程、学生助理（义工）管理资料、媒体报道资料等等。

**5. 经费有保障，人才结构合理**

图书经费投入方面，除了相对稳定的报刊征订经费，每年都投入一定经费用于图书采购。在电子资源建设方面，引进了中学学科网，购买了龙源电子期刊阅读机及资源。另外，给每个班级购置了"微图书馆"的图书柜。2016 年，学校申请 35 万元用于 RFID 智能化图书馆系统建设项目，并且特色项目培育对象有 15 万元经费的支持，也用于自助借还机以及新书采购。

在队伍保障方面，学校非常重视图书馆队伍的建设，引进高素质的专业人才，带来了图书馆管理的新理念、现代化的管理理念。图书馆管理团队是一支年轻的队伍，不断加强学习，不断提升专业素养与业务水平，积极参与各种专业培训活动与会议，不断提升理论水平与业务水平，通过课题带动、同行交流、专业研讨等，提升图书馆的影响力与知名度。

6. 发挥图书馆教育功能，打造教育与实践平台

《中小学图书馆（室）规程（修订）》第十五条规定提到："图书馆要配合学科教师组织形式多样的读书活动，图书馆要开展图书情报教育课、图书和图书馆知识介绍、工具书使用方法、图书的选择和读书方法以及读书卫生知识等方面的指导。"近年来，珠海三中图书馆非常注重新生入馆培训与读者教育。在每年的 9 月份，图书馆都要集中力量做好高一新生利用图书馆的宣传教育工作，顺利实现高一新生利用图书馆的过渡。另外，图书馆还利用场地及资源优势开展阅读指导课。

此外，图书馆还招聘、培训学生助理（义工），打造图书馆实践平台，开展实践与志愿活动，丰富学生的业余生活，影响与带动更多同学走进图书馆、利用图书馆。

## 三、珠海三中图书馆特色项目建设的成效

### （一）完成 RFID 智能化图书馆建设，实现全馆自助借还

按照特色项目的建设思路，珠海三中图书馆想方设法解决各种困难，对图书馆进行了升级改造，实施了图书馆 RFID 智能化图书馆系统建设项目，通过利用 RFID 电子标签管理，实现了全馆自助借还、智慧化管理。作为珠海市属学校最先实现 RFID 技术管理的图书馆，对全市中学图书馆开展全馆自助借还、智慧化管理具有示范作用。另外，珠海三中图书馆还引进了 ELIB 区域图书集群管理软件，升级了书目查询系统，加强了数字资源建设，实现了电子期刊、电子图书的二维码借阅，解决电子期刊、电子图书的利用问题，进一步推动图书馆数字化、

智慧化发展。

（二）班级"微图书馆"建设积累了一定的经验，书香校园体系越来越成熟

在图书馆特色项目培育的过程中，我们思索如何实现书香校园的创新发展，如何开展班级读书活动，如何建设书香班级等等，提出了珠海三中班级"微图书馆"计划，开展"微图书馆"建设，搭建"学校图书馆——班级微图书馆"的两级阅读平台，从而把图书馆的图书资源、服务和读书活动延伸到班级，延伸到学生身边。经过几年的实践，积累了一定的经验，并且从微图书馆概念的提出、微图书馆实践探索、微图书馆的特点分析、微图书馆的运行机制、微图书馆的建设步骤、微图书馆的建设成效、班级微图书馆建设的优秀案例等方面进行了整合和提炼。此外，珠海三中图书馆的书香校园建设体系也越来越成熟，并且反映在图书馆建设管理与服务的各个流程。

（三）珠海三中图书馆办馆效益良好，美誉度与影响力不断提高

珠海三中图书馆开展阅读推广，建设书香校园，面向全体师生提供流通借阅、电子阅览、阅读课、班级团借、图书荐购、电子资源利用等服务。从无人问津的藏书室到阅读环境优美、利用率不断攀升的图书馆，珠海三中图书馆通过打造阅读推广及书香校园的特色，营造了浓郁的读书氛围，吸引更多的读者走进图书馆，利用图书馆，进一步激活图书馆资源，从而提高了图书借阅量。据统计，珠海三中图书馆过去几年的平均年借阅量达到 15 册左右，充分发挥了文化育人功能，办馆效益良好，得到上级部门以及图书馆同行的认可，美誉度与影响力不断提高。

（四）图书馆特色项目的实践与研究取得一系列成果，并得到相关推广

珠海三中图书馆围绕阅读推广等热点开展了多项课题研究并且取得了初步成果。图书馆通过收集整理阅读推广与书香校园实践与研究成果，编写了《书海听涛 享受阅读——青少年阅读引导读本》等多本阅读校本课程。归纳总结了图书馆建设的经验，收集整理了中小学阅读推广的经典案例，公开出版著作《中小学图书馆建设实践与阅读推广》。得益于书香校园创建工作的实践与思考、专业学习的积累以及课题研究的不断深入，按照《如何构建书香校园体系》拓展而形成的《中小学图书馆建设实践与阅读推广》有一定的学术价值和实践价值，对省市

甚至全国中小学图书馆的建设与管理具有一定指导意义或借鉴意义。《中学书香校园创新发展的研究与实践》刚刚获得 2017 年广东省教育教学成果奖（基础教育）一等奖。珠海三种图书馆通过学术研讨会、培训讲座等多种方式宣传推广特色项目的实践及研究成果，起到了一定的示范引领作用。

## 四、结语

珠海三中图书馆的特色项目《中小学图书馆阅读推广与书香校园》认真对照《珠海市中小学校特色项目评估指标体系》，从项目的价值追求、项目的实践基础、项目的制度建设、项目的保障条件、项目的课程教学、项目的教育实效等方面打造图书馆特色，以评促建，进一步推动了图书馆的建设与管理升级，充分发挥了优秀图书馆的示范带动作用，为省、市中小学图书馆注入了新鲜的血液。

当然，《中小学图书馆阅读推广与书香校园》被正式批准为珠海市中小学校特色项目后，仍需要继续发展，争取通过特色项目的不断发展，营造更加浓厚的教书育人氛围，不断推动学校内涵发展，为特色学校建设做出贡献。例如：还需要继续深入开展中小学图书馆阅读推广与书香校园建设的理论研究，时刻关注基础教育改革以及图书馆事业发展的新趋势，不断拓展图书馆阅读推广、书香校园建设的内涵与外延。中小学图书馆建设标准以及建设价值等方面的研究还有待加强。

（备注：本文发表于《中国现代教育装备》2018 年第 16 期）

# 18. "海"样人格，"韵"力发展

## ——珠海市第三中学心理健康教育工作汇报

珠海市第三中学心理科组

**【学校简介】**

珠海市第三中学始创于 1983 年，为珠海市教育局直属学校，是一所以音乐、美术、体育等为特色的公办普通高中，位于珠海市梅华东路 2 号，占地面积 43 028 平方米，校舍建筑面积 41 135 平方米。学校依山向海，面对美丽的情侣路和海天驿站，校园环境优美，校内建筑错落有致。学校目前有 43 个教学班，2 200 名学生，专任教师 175 人（其中高级教师 85 人，硕士研究生 40 人）。

我校谨承"求真、崇善、尚美"的校训，坚持"以学生发展为本，为社会需要育人"的办学理念和"面向全体、教有所长、学有所得"的教学理念，经过 30 多年的发展，走出了一条"以人为本、育人为先、教学相长、注重特色、办人民满意的学校"的办学之路，赢得了良好的社会声誉。被评为广东省一级学校、广东省普通高中教学水平优秀等级学校、广东省绿色学校、广东省依法治校示范校、广东省篮球项目传统学校、广东省体育特色学校、广东省书香校园、全国群众体育先进单位、全国地理科普教育基地、珠海市文明单位、珠海市文明校园。

**【心理健康教育中心基本情况】**

硬件设施：我校心理健康教育中心成立于 2005 年，使用面积 330 平方米，建有教师办公室、个体辅导室（心语室）、团体活动室、心理阅览室（阅心阁，配有心理图书 500 余册）、心理放松室（释心角）、户外拓展活动区（空中花园）。

二期建设正在推进中，包括增设一间小团体活动室、一个心理阅读角、一间测量室、一间游戏沙盘室以及部分软硬件设备等。

师资队伍：建校以来，我校一直秉承"教育为先，育人为本"的办学理念，以优秀的教师队伍为依托，以深入的教育研究为抓手，以健全的人格培养为导向，融合优质教育资源，建设了一支专兼职结合、全校参与的高素质心育师资队伍。

现有两位专职心理教师，均为心理学专业本科以上学历、国家二级心理咨询师。其中王静老师于 2007 年荣获"广东省中小学心理健康教育团体心理辅导课优质课"一等奖，现为广东省中小学心理健康教育"C 证"授课教师；吕瑶老师于 2012 年荣获"广东省中小学心理健康教育活动课大赛"一等奖，现为珠海市心理健康指导中心成员。我校另有兼职心理教师 5 人。截至 2017 年，全校持心理"A 证"教师 9 人，持心理"B 证"教师 45 人，持心理"C 证"的教师达 95% 以上。

心理健康教育理念："海"样人格，"韵"力发展。

教育部《中小学心理健康教育指导纲要（2012 年修订）》和《广东省教育厅关于中小学心理健康教育工作规范指引（2016 年）》提出，要培养学生积极的心理品质，挖掘其心理潜能，促进学生身心和谐发展。

我校依山而建，傍海而居，背靠风景秀丽的凤凰山，面朝碧波荡漾的香炉湾。得天独厚的滨海环境，培养了三中人"波澜壮阔""惊涛拍岸"的豪迈之情，"海阔天空""海纳百川"的包容之善，"波平浪静""霞光满天"的和谐之美，进而孕育了我校特有的"海"文化。而海的品格正是健康人格的具体体现。

心育目标：培养大海般进取、包容，身心和谐发展的三中人。

## 【心育路径】

"韵"为主线，凝聚各方力量。

心理健康教育具有综合性、复杂性等特点，我校经过多年的实践与探索，走出了一条"专业为主、多方配合、全员参与、全面渗透"心理健康教育之路，把心理健康教育理念融入到多样化的心理健康教育路径中，使学生"韵"味十足。

## 形式一：心韵课程

### 1. 专业课程

我校在高一年级开设心理健康教育活动课，每周一课时；在高二年级开设心理选修课，本学期正式开展心理活动课并纳入课程表，每两周一课时；在高三年级开设讲座和考前团体心理辅导。课程内容包括"自我认识""学习心理""情绪管理""人际交往""青春期心理""价值观与生涯规划""生命教育"等。

根据我校学生的身心发展特点和实际需要，我校开发了特色心理课程——"自我探索"系列课程，旨在帮助学生更客观、全面地认识自我，从而更好地悦纳自我、发展自我和完善自我，并及早规划自己的人生，让梦想启航。

### 2. 研究性课程

为促进学生身心的全面发展，满足其个性化的需求，由向课堂要效应转变为向课程要效应，我校以心理健康教育理念为中心，从学生感兴趣的方向入手，积极开发研究性课程，如"微表情""梦与人的心理""学习风格""人际交往模式"等。学生在主动、积极的探究中，挖掘了自身的潜能，促进了良好品行和健康人格的发展。

### 3. 心理主题班会课

班主任在日常管理工作中，重视心理健康教育，并积极开展心理主题的班会课。如：学习心理教育，培养学生时间管理和自学的能力；人际交往教育，使学生学会关心他人、学会合作；适应性教育，使学生积极适应各种环境的变化及各种应激事件的发生；耐挫折教育，使学生学会应对挫折与失败；情感调适教育，使学生学会有效的自我调适方法等。

## 形式二：心理辅导与危机干预

### 1. 个体辅导

我校心理辅导室有完善的工作制度以及管理制度，有固定的个体心理辅导时间（周一至周五 15：10–16：00，16：10–17：00，17：10–18：00）。每学期接待来访的学生、家长和老师近 200 人次。"一对一"的个体心理辅导重点帮助存在一般心理问题和轻度心理障碍的学生舒缓情绪、觉察自我、增强应对和解决问题的能力、获得内心的成长，辅导后坚持做好详细的咨询记录和个案追踪；对于患有严重心理障碍和精神疾病的学生，及时与班主任、家长、学校沟通，并及时转介。

### 2. 团体辅导

我校心理健康教育中心坚持在学校师生中开展团体心理辅导。学生团辅以高三考前团体心理辅导为主，主题为《给未来的自己》，以活动、浅催眠等形式，有效地帮助高三学生调整身心状态、科学应考，学生反响十分强烈。教师团体辅导以各种主题活动进行，如"青年教师拓展活动""教师团体沙盘游戏""职场爸妈的角色定位和自我解压""如何与孩子谈性"等，帮助老师们舒缓压力、体察自我、互勉互助、共同成长，活动深受欢迎。

### 3. 危机干预

每学年开学，心理健康教育中心利用学校管理系统对所有高一新生进行心理健康测试，对有预警信号的学生进行有针对性的个体干预。学校还成立了危机干预领导小组，制定了学校心理危机干预方案和预警机制。校危机干预领导小组由校长任组长，形成由校领导、学生处、心理老师、班主任、任课教师、校医、安保人员等组成的心理危机干预系统，坚持"预防为主、及时预警、协调有序、反馈追踪"的原则，及时发现和处理校园危机事件，避免不良后果的产生。

## 形式三：宣传与互助网络

### 1. 心育宣传

我校通过灵活多样的形式，广泛宣传和普及心理健康知识，帮助学校师生、家长提高心理健康意识，掌握自我心理调节的方法和技巧。如利用橱窗、展板、黑板报、电子屏、校园广播等进行心理健康常识的渗透；坚持每学期出版一期心理小报《心韵》，师生人手一份；每年举办一次"5·25 心康节"，举办一次"心理健康宣传周"，师生参与面广，效果显著。

2. 学生互助

为彰显学生的主体地位,充分调动学生参与心育的主动性、积极性,我校发展了学生心理互助网络,包括心理社和班级心理委员。我校心理社成立于2008年,多年来开展了大量而丰富多彩的社团活动:心理游戏、心理讲座、心理电影、心理剧等等,积极传播心理学知识,积极参与学校"心康节"和"心理宣传周"活动,参与心理报纸的制作和发放工作。班级心理委员(每班男女各一)作为心理老师的小助手、师生关系的纽带,在宣传心理健康知识、主持心理主题的班会课、进行心理辅导、及时发现和预警危机状况等方面,发挥了不可替代的作用。

### 形式四: 学科渗透与多彩活动

1. 学科渗透

学校重视心理健康教育的学科教学渗透,学科教师由科组长带领,在制定教学计划和实施课堂教学的过程中,有意识地运用心理学的原理和方法,关注学生的内在需要和学习情感的激发,注重能力的发展和积极心理品质的提升。如语文教学中通过优秀的文学作品增强学生的人文素养和文化底蕴;数学教学中培养学生严谨的思维能力;物理、化学、生物教学培养学生的动手能力和创新精神;历史、政治、地理学科的教学帮助学生"以史明志"、培养责任意识;美术、音乐教学培养学生的审美情趣;体育教学培养学生的自信心和意志品质,等等。

2. "韵味"活动

古韵清幽:三中传统活动"古韵金声",师生同台表演,"以文会友""咏史怀古",是学校师生的"文学盛宴";"海韵文学社""汉学社"的丰富活动,让古典文化沁入心脾。

艺韵风雅:"经典永流传,粤读越精彩""图书馆文化节""师生书法工作室"和一年一度的"师生书画展"彰显三中人的风韵雅致。

音韵飞扬:校歌"海阔天空、我心飞扬;上下求索、真理之光,健全人格、德美至上……这里是精神的家园,在这里扬帆远航、成就辉煌。"激励着三中人;

"五四歌咏比赛""国庆合唱比赛""校园十大歌手评比""中学生艺术节"陶冶着学生的性情。

舞韵翩翩：我校成立了珠海市舞蹈工作室，以翩翩舞姿塑造优雅人格。师生编创的"海韵"诗伴舞节目，在全市"中华经典诗词比赛"中荣获二等奖；在珠海市"少儿花会"活动中，年年收获舞蹈奖项。

"运"味十足：我校传统体育项目——篮球赛、足球赛、乒乓球赛、羽毛球赛等，参与人数众多。体育竞技在强健体魄的同时，能快乐情绪、激发潜能，培养学生的信心、坚持精神、竞争与合作意识，促进学生身心和谐发展。

此外，学校各大社团活动及"成人礼""强者的足迹""校运之夜"等大型活动无不蕴含心理健康教育功能。

## 形式五：家校合作

学校建立家长委员会，并实行家长进校园、家长进课堂制，鼓励家长参与学校管理。学校定期向家长发放心理报纸、开设家长心理讲座、开展家长咨询预约等，建立班主任、心理教师和家长沟通的网络系统，做到家校合一，为学生身心健康成长保驾护航。

我校是全市第一批设有专职社工的学校，社工以其"第三方"的角色，在家校沟通、师生沟通中起到了很好的补充和协调作用。

## 形式六：环境育心

一草一木皆生命，一枝一叶总关情。学校通过建设美丽优雅的自然环境和人文环境，潜移默化地培育"韵雅"的三中人。我校地理环境优越，美丽浪漫的情侣路近在咫尺，珠海大剧院、港珠澳大桥的美景尽收眼底。校园内部环境的打造也充满美的情趣、"海"的韵味：山上林木苍翠，路边鲜花盛开，行政楼下的小花园"听海"流水淙淙，鱼儿嬉戏……师生漫步其间，无不神清气爽、身心愉悦。

学校实行民主化、人性化的管理，注重学生多元化、个性化的发展，努力培养学生的自主自助精神，唤醒他们内在的自我教育力量。

**【心理健康教育工作初显成效】**

1. 心理健康教育科研成果

学校教师积极主持多项与心理健康教育有关的科研课题，如前任校长王健的"融合心理健康教育与德育，增强高中教育实效性研究"，吕瑶老师"高中生手机依赖的现状、成因与对策研究"，潘莉老师的"基于体验式德育的高中生成就动机激发研究"，袁也晴老师的"特殊家庭学生教育的问题成因及对策研究"，王鸿飞老师的"青少年阅读指导与阅读疗法的实践研究"等，对学校心理健康教育的发展起着巨大的促进作用。

多篇心理健康教育论文发表、获奖，如王静老师的《谁无少年"强迫"时》《敢于分享，乐于分享，善于分享——提高心理课分享环节有效性的探索》分别在《大众心理学》《中小学心理健康教育》刊载；吕瑶老师的《高中生主观幸福感影响因素及培养》《众人拾柴火焰高——谈团队合作》分别被《科教导刊》《中小学心理健康教育优秀教案》收录；张洁老师的《历练我心——浅谈美术特长生心理品质的优化》刊载于《高考》；王莹老师的《应用游戏心理学创设梯度物理习题》被《考试周刊》收录；马艳龙老师的《阳光体育对高中生主观幸福感的影响》获省一等奖；王鸿飞老师的《中小学图书馆开展阅读指导与阅读疗法的调查研究》获省二等奖。

2. 师生面貌

教师在心理健康教育环境的熏陶下，和谐团结、奉献进取，积极投入教育教学工作，注重自我提升与专业发展，呈现了一批在全市有影响力的老师。如美术教师申木养、李清江分别在市图书馆举办"师生书画展"，影响深远；校图书馆被评为 2016 年珠海市中小学特色项目培养对象；潘莉老师获得珠海市名班主任称号；樊怡琦老师被聘为珠海市舞蹈工作室主持人。

学生的精神面貌和身心状态也发生了转变，越来越多的学生能够悦纳自我、悦纳三中，他们自信乐观、目标明确、拼搏向上。学校男子篮球队称霸珠海市中学生篮球赛近 28 年，并多次获广东省冠军。2017 年，学校女子篮球队勇夺珠海市中学生篮球赛高中女子组冠军和广东省青少年（中学生）三人篮球赛冠军。世界旅游形象大赛冠军李薇、跳高世界冠军王宇等均是我校的优秀毕业生。方浩丞同学在 2017 年度全国"最美中学生"寻访活动中被推选为"最美中学生";吴纯同学荣获 2017 年度"最美珠海少年"之"自强好少年"称号。近年来,学生参加市级以上学科竞赛和体育、艺术等比赛活动近 400 项,并获得多项奖励。

**【努力的方向】**

心理健康教育永远在路上。在今后的工作中,我校将继续完善心理健康教育设施;深入进行学生心理测评与心理问题筛查工作;结合中国学生核心素养加强心理健康教育课程建设;在生涯规划方面做积极的探索;不断深化、优化心理健康教育工作,切实提高师生的心理素质和心理健康水平,使我校的心理健康教育工作及各项工作更上新台阶。